KB019667

나는 왜 친구와 있어도 불편할까?

● **일러두기** ●

독자들의 이해를 돕기 위해 한국 사정에 맞게 수정되거나 추가된 내용이 있음을 알려드립니다.

"TAIJIN FUAN" TTE NANDARO? by Hiroaki Enomoto

Copyright ⓒ Hiroaki Enomoto 2018
All rights reserved.
Original Japanese edition published by Chikumashobo Ltd., Tokyo.

This Korean edition is published by arrangement with Chikumashobo Ltd., Tokyo in care of Tuttle—Mori Agency, Inc., Tokyo through Enters Korea Co., Ltd., Seoul.

이 책의 한국어판 저작권은 ㈜엔터스코리아를 통해 저작권자와 독점 계약한 상상출판에 있습니다. 저작권법에 의하여 한국 내에서 보호를 받는 저작물이므로 무단전재와 무단복제를 금합니다.

나는 왜 친구와 있어도 불편할까?

누구에게나
대인불안이
있다

에노모토 히로아키 지음
조경자 옮김

상상출판

인간은 일어난 일이 아니라,
일어난 일에 대한
자신의 생각 때문에 불안해진다.

– 에픽테토스(로마의 철학자)

친구와 함께 있으면서도
눈치를 보는 나는 왜 그럴까

친구들과 있으면 즐겁지만, 어쩐지 눈치가 보입니다. 친구들과 수다를 떨면서 즐거워했는데도 혼자가 되면 안심되는 건 왜일까요? 그때서야 비로소 친구들과의 교제에 지쳐 있는 나를 깨닫습니다.

대화를 나눌 때 '무심코 상처를 주는 말은 하지 말아야지', '즐거운 이야기를 해야 해', '분위기에 맞지 않는 말은 금물이야'라고 상대방을 계속 의식하게 됩니다. 친구들의 반응이 내 생각과 다르면 '신경을 거슬리게 하는 말을 내뱉은 걸까?', '나랑 같이 있는 게 지루한가?'라고 신경이 쓰여서 견딜 수가 없습니다. 그래서 솔직한 생각이 좀처럼 입 밖으로 나오지 않습니다.

오늘은 피곤해서 집에 빨리 가고 싶어도, 다 같이 이야기를 나누고 있는 상황에서 자신만 빠지기는 힘들어합니다. 결국 평소처럼 마지막까지 친구들과 어울리고 집에 도착하면 피곤이 한꺼번에 몰려옵니다. 따돌림을 받고 싶지 않은 마음과 미움받고 싶지 않은 마음이 강한 나머지 친구 사이에도 하고 싶은 말을 하지 못합니다. 주변의 시선이 신경 쓰여서 마음대로 행동할 수가 없는 것입니다. 이 의견에 공감하고 있나요?

저는 대학교에서 심리학을 가르치고 있습니다. 수업 중 대인불안에 관한 이야기를 하면 평소에 수업을 전혀 듣지 않았던 학생도 열심히 듣기 시작합니다. 또 수업을 마치기 10분 전에 쓰는 리포트에 항상 2~3줄밖에 적지 않던 학생들이 10줄, 심지어 20줄이나 쓰기도 합니다. '마치 내 이야기를 하는 것 같았다', '모두 나와 비슷한 것 같아서 안심되었다'라는 등 대인불안에 대한 공감을 표시합니다.

그만큼 누구나 사람을 사귀는 일에 신경을 쓰고 있습니다. 평소에는 굳이 의식할 일이 없더라도 마음속에는 대인불안을 안고 있죠.

따라서 이 책은 대인불안이란 어떤 심리인지를 구체적으로 설명하고, '다른 사람을 신경 쓰는 나'를 통해 오히려 대인불안을 완화하는 방법에 대해 알아보는 시간을 가지려고 합니다. 대인불안이라는 단어가 조금 무섭거나 심각하게 들릴 수도 있습니다.

먼저 대인불안의 양상과 그 배경에 깔린 심리 메커니즘을 생각하며 자신의 기억을 꺼내보세요. 분명 평소에 느끼는 피로를 줄일 어떤 힌트가 떠오를 것입니다.

에노모토 히로아키

1장
친구와 있을 때도 불편한 감정을 느낀다

2장

타인에게 미움받는 것이 두렵다

3장

대인불안이란 무엇일까?

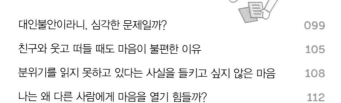

4장

당신이 타인의 시선을 신경 쓰는 이유

1장

친구와 있을 때도
불편한 감정을 느낀다

친구들과 함께할 땐 즐겁지만
집으로 돌아오면 피곤해진다

학창 시절, 입학한 지 얼마 되지 않았을 때나 반이 바뀐 직후에 가볍게 이야기를 나눌 친구가 없어서 붕 뜬 느낌이 들었던 경험이 있을 것이다. 시간이 지나면 사소한 일까지 공유할 수 있는 친구가 하나둘 생기고, 이야기를 하다 보면 즐거워서 시간이 가는 줄 모를 때도 있다. 하교하다가도 멈춰 서서 또 한참을 떠들고 나서야 헤어지기도 한다.

그러나 친구들과 헤어져 혼자가 되면 왠지 안심되면서 갑자기 피로가 몰려오는 경우가 있다. 혹시 하지 않아도 될 말을 하지는 않았는지, 내 말 때문에 친구가 상처받지는 않았을지 기억을 되살려보기도 한다. 그제야 자신이 다른 사람과 함께할 때, 그들에게 잘 보이기 위해 애썼다는 사실을 깨닫는다.

필자는 학창 시절에 항상 이런 감정을 느꼈다. 특히 사귄 지 얼마 되지 않은 친구들과 등하교를 하게 되면 무슨 이야기를 할지 필사적으로 생각하며 어떻게든 침묵을 깨려고 했다. 그 과정에서 말실수를 하거나 대화 사이에 어색한 정적이 생기면 내가 사교적이지 못한 사람이어서 그런 게 아닐까 하고 자책하기도 했다. 그때부터 사람과 사귀는 일은 신경 쓸 일도 많고, 눈치도 많이 봐야 하므로 지치고 어려운 일이라고 막연히 생각하게 됐다.

사람이 싫어서 그런 것은 결코 아니었다. 오히려 무엇이든 말할 수 있는 친한 친구가 많이 생겼으면 좋겠다고 생각했다. 때문에 친하든 친하지 않든 누구에게나 쉽게 말을 걸고, 대화를 이어나가는 친구들을 보면 무척이나 부러웠다. 시간이 흘러 어른이 된 지금도 사람을 만날 때면 신경이 쓰인다. 어른이 되면 사람들과 진심을 터놓고 친해지기가 더 어려워지므로, 가끔 학창 시절의 기억이 떠오를 때가 있다.

'무슨 느낌인지 알 거 같아!', '나도 똑같이 고민한 적이 있어'라고 생각 중인 사람이 많을 것이다. 실제로 타인을 상대하면서 피로감을 느끼는 사람이 적지 않다. 문제는 직장 상사나 거래처 사람뿐 아니라 주변 친구 등 누구를 만나든 마찬가지라는 사실이다.

하지만 이런 감정을 솔직히 털어놓기란 쉽지 않으며, 애써 밝힌다고 해도 "그건 지나친 걱정이니 마음 편하게 행동해"라는 조언을 들을 뿐이다. 이런 말을 들으면 더욱 막막해진다. 다른 사람의 반응은 깊이 생각하지 않는 편이 편하다는 것을 이론상으로는 알고 있어도, 남의 반응을 무의식적으로 먼저 살피기 때문이다.

주변을 예민하게 살피다 보면 자기 생각을 확실히 이야기하기가 힘들고, 조금이라도 강하게 자기주장을 하고 나면 더욱 상대방의 눈치를 살피며 후회하게 되는 악순환이 이어진다. '나만 좀 참았으면 됐는데', '내가 분위기를 어

색하게 만들었어'라는 생각에 내 의견을 내기가 더욱 힘
들어지는 것이다.

　다른 사람의 반응을 신경 쓰지 않는 사람, 즉 무신경한
사람을 보면 위화감을 느끼기도 한다. 주변 사람을 배려하
지 않고 말을 툭툭 던지는 사람은 다른 친구들이 민감하게
느낄 만한 이야기도 아무렇지 않게 입에 담는다. 그 말을
들으면 '지금 한 말은 좀 그렇지 않아? 상대가 상처받을
지도 몰라' 혹은 '어떻게 그렇게 무신경한 말을 하는 거야.
배려 좀 해'라며 마음속으로 짜증을 내게 된다.

　남의 눈치를 보지 않는 유형의 사람과 함께 있으면 어
떻게 그런 이야기를 태연하게 하고, 실례가 되는 태도를
보일 수 있느냐며 반발심이 생기는 경우가 많다. 특히 상
대의 기분을 생각하지 않고, 하고 싶은 말을 마음대로 하
는 자기중심적인 태도에 화가 난다. 정작 듣는 당사자는
아무렇지 않게 웃고 넘기는 일인데도 말이다.

　이처럼 다른 사람을 지나치게 배려하느라 피곤함을 느
끼는 유형은 신경을 먼 곳으로 돌리면 편하다는 사실을 알

고 있으면서도 행동으로 옮기지는 못한다. 누구에게나 서슴없이 대하는 태도가 부럽다고 생각하면서도, 무신경한 사람이 되고 싶지는 않다고 생각한다. 그렇다면 어떻게 하면 좋을까? 그 답을 찾는 것이 이 책의 목적이다.

남의 말과 태도에
과민하게 반응하곤 한다

　친구들과 수다를 떠는 즐거운 시간에도 왜 피로가 쌓이는 걸까? 그런 생각이 들어서 친구들과 함께했던 기억을 떠올리다 보니, 나도 모르는 사이에 주변인들의 반응에 매우 신경 쓰고 있다는 사실을 깨달았다. 특히 안 지 얼마 안 된 사람과 만나는 자리에서는 그들이 쓰는 단어와 말투, 표정과 몸짓, 무심코 보이는 태도 등에 예민해져서 자연스레 상대의 안색을 살피고 있었다.

　어떤 말을 꺼냈을 때 상대가 금방 대답하지 않거나 웃

지 않으면 '방금 그 말은 하지 말 걸 그랬나', '안 좋은 뜻으로 받아들였을지도 몰라'라는 식으로 상대의 반응을 관찰하고 있었다. 또 상대의 말수가 적어지거나 표정이 안 좋아 보이면 내가 기분을 상하게 하거나 상처를 준 것 같다는 걱정이 들었다. 상대의 사소한 말과 태도에 깜짝 놀라기도 했다. 이런 경험을 자주 하다 보니 상대에게 상처를 주거나 반감을 사지 않으려고 노력하게 됐고, 결과적으로 가볍게 말을 걸 수도 없게 되었다.

다른 사람에게 상처를 주거나 반감을 사기 싫다는 이유만으로 친구들의 눈치를 본 것은 아니었다. '내 이야기가 재미없는 것은 아닐까?', '상대가 이 상황을 지루해하지 않을까?' 하는 불안감도 있었다.

항상 사람들의 중심에 있고, 말도 재미있게 하는 친구와 달리 나와 같이 있을 땐 즐겁지 않을 것 같다는 생각이 들었다. 특히 단둘이 남게 되는 상황이 되면, '재미없는 애라고 생각하지 않을까?'라는 부담감에 분위기를 띄우려고 웃긴 이야기를 했다. 그중에는 의도와는 다르게 웃기지 않은 이야기도 있었다. 분위기가 썰렁해지는 순간, 후회가

밀려왔다.

필자는 딱히 따돌림을 당하는 것도 아니었고, 어울려 노는 친구 무리도 있었다. 그러나 친구들과 이야기를 나누는 내내 마음 한구석이 불안했다. 즐거운 감정과는 별개로, 좋은 사람으로 보이고 싶다는 부담감에 정신은 녹초가 되곤 했다.

심리학 수업을 하며 이런 필자의 경험을 들려주면 학생들 역시 "친구들과 함께 있어서 즐겁지만 헤어지고 나면 갑자기 피로가 몰려오는 일이 잦았다. 그 이유를 이제 알게 됐다", "자신은 외향적이고, 사교성도 좋아서 친구와 시간 보내는 것을 좋아한다고 생각했지만, 사실은 대인관계에 에너지를 많이 쓰고 있었다는 사실을 깨달았다"는 경험담을 들려준다.

그중에는 기대에 부응하고 싶어 친구들에게 무리하게 맞추다가, 이런 걸 친구 관계라고 할 수 있는 것일까 하는 회의감이 들기도 했다는 속내를 털어놓는 학생도 있었다.

다른 사람을 배려해야 한다는 말을 어릴 때부터 듣고 자란 탓인지 많은 이의 마음속에는 상대를 실망시키고 싶

**지 않다는 부담감과 상대의 기대에 부응해야 한다는 의무
감이 깊게 뿌리박혀 있다.** 물론 이런 생각은 어떤 면에서
는 바람직하다고도 할 수 있다. 그러나 다른 사람을 신경
쓰는 데 사로잡혀서 자신을 돌보지 않으면 아무리 인간관
계를 잘한다고 해도 소용이 없다.

'어색한 침묵'을 견디지 못하고
나서게 된다

필자가 심리학에 매혹된 까닭은 앞에서 설명한 것처럼 대인관계에 지나치게 힘을 쏟느라 쉽게 지쳐버리는 유형이기 때문이다. 겉으로는 활발하게 떠들고, 남들과 잘 어울리는 것처럼 보이지만 속으로는 다른 사람을 굉장히 의식하는 편이다.

심리학을 전공한 덕분에 필자는 대학에서 전문 카운슬러로 활동 중이며, 학생들의 멘토로서 이런저런 고민을 들어주기도 한다. 학생들의 고민은 대부분 서툰 대인관계에 관한 것인데, 여기에 공감하며 상담할 수 있었던 것은 나 역시 비슷한 유형이었기 때문이다.

그중 아르바이트 관련 고민을 안고 찾아온 학생이 있었다. 그는 모처럼 익숙해진 아르바이트를 그만둘지, 계속할지를 두고 갈팡질팡하고 있었다. 그런데 아르바이트 일 자체에 불만을 가진 것은 아니었다. 일할 때는 괜찮으나 휴식 시간이 괴롭다는 이유였다.

쉬는 시간이 되면 휴게실에 모두가 함께 모여 커피를 마시곤 하는데, 그 자리에서 어떤 이야기를 하면 좋을지 몰라서 긴장된다고 했다. 혼자서만 아무 말도 하지 않고 앉아 있을 수는 없으므로 입을 열지만, 모두가 자신을 쳐다볼 때의 어색한 침묵을 견딜 수 없어 도망치고 싶어진다는 것이다.

동아리 활동으로 고민하는 학생도 있었다. 그는 아무 활동도 하지 않고 졸업해버리면 추억이 없는 학창 시절로 기억될 것 같아서 동아리에 가입했다. 활동 자체는 즐거웠지만 동아리방에서의 잡담 시간이 걱정됐다고 한다. 동아리원들과는 아주 가까운 것도, 아주 먼 것도 아닌 어정쩡

한 관계였고, 그러다 보니 어떤 주제를 꺼내야 할지, 대화에 언제 끼어들면 좋을지 몰라서 힘들다는 것이다. 그러나 이대로 도망치면 정말로 보잘것없는 학창 시절로 남을 것 같아 고민이라고 했다.

전공 강의에 장기간 출석하지 않았던 학생도 쉬는 시간이 힘들었기 때문이라고 털어놨다. 대학생이 되면 고등학생 때와 달리 개개인마다 시간표가 다르고, 강의실의 자리도 정해진 것이 아니라서 앞이나 뒤, 옆자리에 친하지 않은 학생이 앉는 게 보통이다. 전철에 탔을 때처럼 주변에 전혀 모르는 사람만 있다면 오히려 큰 부담이 없다. 그러나 전공 수업은 같은 학과의 학생끼리 듣는 일이 흔하다. 얼굴이나 이름을 알고 있다면 그다지 친한 사이가 아니라도 무시할 수만은 없는 노릇이다. 그 지점에서 불안이 엄습한다.

'인사라도 해야 할 것 같아', '어떤 말을 해야 좋을까?', '옆에 앉는 게 좋을까, 아니면 따로 앉는 게 좋을까' 등 여러 생각의 소용돌이에 갇힌다. 그래서 수업을 시작하기 전까지 어색한 침묵을 견디지 못하고 초조해졌으며, 그런 상황이 부담스러워서 학교에 가는 것 자체가 싫어졌다는 이야기였다.

이렇게까지 극단적이지 않더라도, 타인을 많이 의식하는 유형은 쉬는 시간처럼 사람들이 모여 정해지지 않은 주제로 수다를 떠는 상황에 약하다. 얼굴을 아는 정도의 사람들과 우연히 방향이 같아 전철을 같이 타는 등의 상황은 특히나 부담스럽다.

따라서 학생들의 경우, 새 학기가 다가오면 '마음이 잘 맞는 새 친구를 사귈 수 있을까?', '잘 모르는 애들뿐이면 어떡하지?'라고 불안에 떨면서 잠을 이루지 못한다. 그리고 쉬는 시간에 새로 사귄 친구들과 무슨 대화를 할지, 혹은 친구들이 아예 다가오지 않는 것은 아닌지 신경 쓰는데 지쳐버린 나머지 수업에 집중할 수 없게 된다. 이렇듯 다른 사람과의 관계를 지나치게 의식할 경우, 생활 전반에 지장이 생기게 된다.

대화가 끊기는 순간이 싫어서
억지로 떠들어댄다

유별나게 소극적이거나 말주변이 없는 사람만 대인관계로 스트레스를 받는 것은 아니다. 누구와도 신나게 수다를 떨며 분위기를 이끄는 사람 중에도 사실은 내부의 에너지를 끌어올려 노력하는 경우가 많다.

어떤 모임에서든 분위기를 살려야 한다며 목소리를 높여 놀다가도 돌아가는 길에 혼자가 되면 쓸데없는 소리를 너무 많이 한 것 같아서 후회에 빠진다. 고백하자면 필자역시 그런 사람이었다.

주변에서는 그를 '저렇게 떠들어대니 가볍다는 소리를 듣지'라고 얕잡아 보거나 '항상 즐겁고 무사태평한 것 같아서 좋겠다'라고 부러워할지도 모른다. 그러나 당사자는 결코 가벼운 사람도 아니고, 무사태평하지도 않다. 사람들과 어울리겠다는 일념으로 대화를 이끌고, 목소리를 높이는 것이다. 뭐라도 하지 않으면 주위 사람들과 동화되지 못할 것 같은 기분이 든다. 그러다 보면 무심코 마음이 들뜨고, 결과적으로 숨겨두고 싶었던 이야기까지 떠들게 된다.

저는 이웃 사람과 거의 대화를 나누지 못합니다. 무엇을 어떻게 말하면 좋을지 모르기 때문입니다. 그래서 생각해낸 것이 익살이었습니다. 그것은 인간에 대한 저의 마지막 구애였습니다. 자신은 인간을 극도로 무서워하지 않는 경향이 있습니다. 그러면서도 인간을 절대 단념할 수가 없었던 것 같습니다. 그리하여 저는 익살이라는 가는 실로 간신히 인간과 연결될 수 있었습니다. (…) 인간으로서의 제 말과 행동에 전혀 자신을 갖지 못한 채 자기만의 고뇌는 가슴속의 작은 상자에 숨겨두

었습니다. 그 우울과 긴장감을 그저 숨겨둔 채 한결같이 천진난만한 낙천가인 척 가장하면서, 저는 익살스럽고 약간은 별난 아이로 점점 완성되어 갔습니다.

일본의 소설가 다자이 오사무의 『인간 실격』에는 그러한 인물이 극단적인 형태로 묘사되어 있다. 이 작품은 작가 자신의 내면을 충실하게 그려낸 정신적인 자서전이기도 하다. '우스꽝스러운 짓'을 하여 주변과 동화될 수 있었던 주인공은 이윽고 교실의 스타가 되어간다.

학교 바로 옆에 살면서도 아침 종이 울리는 것을 듣고 나서야 뛰어서 등교할 정도로 어지간히 게으른 중학생이었습니다. 그럼에도 익살로 나날이 반에서 인기를 얻어 갔습니다. (…) 연기력은 실로 쑥쑥 늘어서 늘 반 친구들을 웃겼습니다. 선생님도 이 반은 오바(소설 속 화자)만 없다면 참 좋은 반인데, 라고 말로는 탄식하시면서 손으로 입을 가리고 웃으셨습니다.

『인간 실격』의 주인공은 익살을 부리며 주위에 동화될

뿐만 아니라 상대의 기분을 살피다가 무심결에 진실을 말할 수 없게 되어버리는 심리에 대해서도 고백하고 있다.

　어차피 들킬 게 뻔한 데도 솔직하게 말하는 게 무서워서 반드시 거기에 꼬리를 다는 것이 저의 가여운 버릇의 하나로, 그것은 세상 사람들이 '거짓말쟁이'라고 부르며 깔보는 성격과 닮아 있지만 저는 무슨 이득이라도 보려고 그런 꼬리를 단 적은 거의 없습니다. 단지 흥이 깨지면서 분위기가 바뀌는 것이 질식할 것 같이 싫어서, 나중에 불이익을 당하리라는 것을 알면서도 예의 '필사적인 서비스', 그것이 설령 일그러지고 미약하며 우스꽝스러운 것이라 할지라도 그 서비스 정신에서 저도 모르게 한마디 덧붙이게 되는 경우가 많았습니다.

　나중에 괴로워질 것을 알면서도 눈앞의 상대와 서먹서먹해지는 것이 무서워서 '서비스 정신'을 발휘하여 쓸데없는 말을 지껄여버린다. 그런 버릇을 자각하면서도 자신의 행동 패턴을 바꾸지 못한다.
　이 작품을 쓴 다자이 오사무는 시대를 초월하여 많은

젊은이에게 사랑을 받았다. 이러한 현상은 생각보다 더 많은 사람이 다른 사람과 관계를 맺는 데 곤란을 겪는다는 것을 나타낸다. 그것은 사춘기부터 자의식이 높아지며 타인과 자신을 비교하고, 자신을 하찮게 여기게 되며, 자신이 세간의 시선에 어떻게 비치는가에 신경을 쓰게 되는 청년 심리학적 견해와 잘 들어맞는다.

청년기적 심성을 이어간 다자이 오사무의 그 자의식의 강도(세기)는 아내인 츠시마 미치코의 회상에서도 살펴볼 수 있다. 다자이 오사무를 가까이에서 봐온 아내는 『회상 다자이 오사무』라는 에세이를 통해 남편이 항상 스스로를 응시해왔다고 다음과 같이 밝히고 있다.

풍경에도, 스쳐 지나가는 사람에게도 눈을 떼지 않고 자신의 모습을 끊임없이 의식하면서 살아가는 사람이었습니다. 함께 인생길을 걸어가면서 이 사람은 '보는 사람'이 아니라 '보이는 사람'이라고 생각했습니다.

당신은
어떤 '캐릭터'인가요?

　누구나 상황이나 장소에 따라 자신이 어떻게 보일지를 '조정'한다. 회사에서는 과묵하고 일 잘하는 사람이라도, 친구들 앞에 서면 웃음이 많고 실수도 자주 해 '허당'이라고 불릴 수도 있다. 집에서는 자식에게 한없이 약한 엄마 아빠가 되기도 한다.

　사람들은 장소에 따라 어울리는 '나'가 될 수 있도록 노력한다. 모범생 같은 행동을 할지, 쾌활한 모습을 연출할지는 그 장소의 분위기나 평소의 대인관계를 바탕으로 판단한다.

한마디로 '분위기를 맞추려고' 노력하는 행동이다. 이처럼 사람을 만날 때마다 각각의 상황을 파악해 그에 맞는 분위기를 연출하는 것은 매우 피곤한 일이다. 하지만 자신의 캐릭터를 딱 하나로 정해놓는다면 어떤 상황에서든 일관된 행동을 하면 되기 때문에 편한 면이 있다.

요즘 자신을 표현할 때 '캐릭터'라는 단어를 쓰는 경우가 많다. 실제로 자신의 역할을 정해놓으면, 무리에서의 존재감이 커지므로 어떻게 자신을 드러낼지 고민할 필요가 없어진다. 또 자신의 캐릭터가 생기면 주변 사람과의 커뮤니케이션 역시 한결 쉬워진다.

필자가 지도한 한 학생은 타인의 눈치를 많이 본 나머지 대인관계를 어려워했는데, 대학에 들어와 무리 속 자신의 역할을 설정한 후부터는 친구 사귀기가 한결 편해졌다고 한다.

"대학에 들어온 후부터 친구들 사이에 어느새 각각의 캐릭터가 정해졌어요. 쟤는 웃긴 애, 쟤는 과묵하지만 이성에게 인기가 많은 애, 쟤는 승부욕이 강한 애 등. 저에게도 캐릭터가 생겼고요. 그 친구들과 어울릴 때는 그 캐릭터대로 행동하면 돼요. 예전처럼 어떻게 행동해야 사람들이 좋아할까 고민하지 않아도 되니 정말 편해졌어요."

자신의 모습을 시시각각으로 바꾸는 데 자신이 없는 사람에게 '캐릭터'라는 고정된 역할을 갖는 것은 강력한 무기가 된다. 일단 캐릭터가 정해지면 자신이 사람들에게 어떻게 보이는가, 어떻게 행동해야 하는가가 분명해지므로 나를 드러내는 법을 고민할 필요가 없다. 게다가 캐릭터대로 행동하면, 무심코 분위기 파악을 못해도 상대적으로 너그럽게 봐준다는 이점도 있다.

연예인들을 떠올려보자. 가령 '무슨 일에도 관심이 없는 캐릭터'라면 다른 출연자의 이야기를 제대로 듣지 않고 딴소리를 하거나 방송 중에 한눈을 팔아도 원래 그런 캐릭터이므로 용서가 된다. '독설 캐릭터'라면 간혹 게스트에게 무례한 말을 한다고 해도 다들 웃어 넘긴다. '자기 자신을 가장 사랑하는 캐릭터'라면 좀 거드름을 피워도 또 저런다며 오히려 좋아해준다.

하지만 '역할 고정'에 이점만 있는 것은 아니다. 자신이 만든 캐릭터에 구속당해 자유롭게 행동하지 못하는 일도 일어난다. 한번 사람들의 머릿속에 입력된 이미지는 너무도 강력하기 때문이다. 예를 들어 '우등생 캐릭터'로 통하는 사람이라도 때에 따라 비뚤어지고 싶은 마음이 생긴다. 항상 조용하고 차분한 편임에도 큰 소리로 수다를 떨거나 와자지껄하게 놀고 싶어지기도 한다. 그러나 그런 행동을 하면 '너답지 않아'라는 소리를 듣게 된다. 어울리지 않으니까 그런 행동은 하지 마라는 얘기를 자주 듣게 되면 본인도 의기소침해지므로, 평소와는 다른 행동을 하기 전에 자신의 캐릭터에 맞는지 다시 한번 생각해보게 된다.

주위 반응에 예민한 유형은 환경의 변화에 특히 약하다. 새 학기가 되어 반이 바뀌거나 새로운 회사에 들어갈 경우, 일단 자신을 억누르면서 주위의 상황을 살피는 편이라 주위 사람들에게 바르고 온순한 사람으로 인식되는 경우가 많다. 그러나 원래 장난치는 것을 좋아하는 성격이라면 새로운 환경에 적응했어도 농담을 하기도 힘들고, 친화력을 발휘할 기회도 주어지지 않아 대단히 갑갑하게 느껴진다. 반대로 주위에 동화되려고 활발한 사람인 척 연기하는 경우도 마찬가지이다. 모두를 웃게 만드는 재미있는 인물도 우울해질 때가 있다. 그럴 때도 교실이나 회사에 발을 디디는 순간, 바보 같은 농담을 연발하기 시작한다. 시간이 지나면 기분이 나쁜데도 허허실실 웃고 있는 스스로가 바보처럼 느껴질 때도 있다.

늘 활기찬 캐릭터라고 한번 주변에 인식되면 주변 사람에게 고민을 거의 드러내지 못하게 된다. 누구라도 불안할 때나 갈피를 잡지 못하고 흔들릴 때가 있다. 그러나 무리하여 밝은 척 행동하는 것이 자연스러워져서, 의식하지 않아도 친구들과 있을 때는 발랄하고 상냥한 모습만 보이게 된다. 그 덕에 약속도, 인기도 많지만 일대일로 만나 속마음까지 털어놓을 친구는 적다. 심지어 끝을 알 수 없을 정도로 침울할 때조차 좋은 사람으로 보이고 싶어 하는 자신이 불쌍하게 느껴진다는 이도 있다.

자신을 잘 드러내면서 주위 사람과 무난하게 어울리는 것은 쉽지 않은 일이다. 그러나 하나의 역할을 정해놓고 남들을 대하는 것 역시 최선의 대안은 아니다.

되돌아보면 전부 후회되는
나의 말과 행동

대인관계는 매우 까다롭다. 사회생활에서의 대인관계는 비즈니스를 기반으로 한 이해가 결부되어 더 까다롭다고도 한다. 그렇지만 일상적인 대인관계 역시 어렵기는 마찬가지다.

잠자리에 들기 전에도 낮 동안 친구에게 들은 말을 곱씹어본다든가 자기가 한 말을 떠올리며 '심한 말을 했나?', '마음을 상하게 하지 않았을까?'라고 걱정한다. 또 친구들의 반응을 떠올리며 '지나치게 내 이야기만 한 건 아닐까?', '따분하게 들리지는 않았을까?'라고 염려하기도 한다. 이처럼 잠자리에서 낮에 있었던 일을 되돌아보면서 주변인들과 나의 말, 행동, 반응을 체크하는 일이 일과가 되어버린 사람도 적지 않을 것이다.

자신의 말과 행동을 계속 떠올리다 보면 누구나 자신이 주위로부터 좋은 평가를 받고 있는지 불안해진다. 당시에는 별 문제가 되지 않았던 행동도 계속해서 곱씹다 보면 이상하게 느껴지기도 한다. '아, 내 의견을 말하는 편이 나을 뻔했어', '좀 더 당당하게 말했어야 했어', '그렇게 말할 바에야 잠자코 있을걸' 하면서 보다 적당한 화법을 궁리하기도 한다. 그러나 어떤 상황에서 가장 적절한 반응이 무엇인지 순식간에 판단하기란 쉬운 일이 아니다. 또한, 그것이 정답이라고 확신할 수도 없다.

필자 역시 과거에 했던 말이나 태도를 떠올리면 쥐구멍에라도 들어가고 싶을 정도로 창피해질 때가 많았다. 솔직히 말하면 지금도 그렇다. 이처럼 자신의 말과 행동을 되돌아보면 대개 '이렇게 말했으면 좋았을 텐데…'라며 후회하고, '왜 그렇게 말해버렸을까?'라고 자신을 탓하게 되는 경우가 대부분이다. 자연스럽게 대화를 나눴던 순간들은 굳이 떠올려보지 않는 탓이기도 하다.

인간은 사춘기 무렵부터 자아에 눈을 뜨고, '자의식'을 갖는다. 끊임없이 자기 자신과 마주하며 살아가는 우리 인간에게 낮 동안의 말과 행동을 되돌아보고 후회하는 것은 숙명이다. **그러나 자기 자신의 행동을 부끄러워한다는 것은 더 좋은 사람이 되고 싶어 한다는 증거이므로 결코 비관할 일이 아니다.**

TIP 자의식

느낌, 생각, 행동, 성격 등 자신에 대한 모든 작용이 '나'라는 동일한 주체의 특징이라는 사실을 의식하는 것이다. 이는 보통 유년기에는 존재하지 않고, 사춘기 무렵부터 의식하게 된다.

자기중심의 문화
Vs 관계의 문화

　이렇듯 타인과의 교제에 지나치게 신경을 쓰는 것은 절대로 특별한 일이 아니다. 특히 동양의 문화권에서 자아를 형성해온 사람에게는 지극히 자연스러운 현상이다.

　흔히 동양인은 서양인에 비해 자기주장이 약하다거나 토론에 서툴다는 말을 듣는다. 그것이 마치 동양인의 결점이라는 투로 말하는 사람도 있다. 그러나 동양인 중에 자기주장을 강하게 하지 않는 사람이 많은 이유는 상대의 기분이나 생각을 파악하고, 그 입장을 헤아리려는 문화 때문이다. 다른 사람의 입장을 우선적으로 고려하기 때문에 일방적으로 나의 주장을 밀어붙일 수 없는 것이다. 상대가 무엇을 바라고 있는지, 어떻게 느끼고 있는지를 염두에 두고 행동하다 보니 상대의 기대에 부응하려는 마음이 앞선다. 즉, 나보다 상대의 만족을 우선으로 배려한다. 하고 싶은 말이나 요구사항이 있어도 참는 까닭 역시 상대에게 부담을 주거나 뻔뻔한 사람이라고 평가받고 싶지 않아서이다. 즉, **상대방과 원만한 사이를 유지하고 싶다는 마음이 강하게 작용한다.**

우리는 상대와의 관계성을 매우 의식하여 행동한다. 특히 동양인은 '타인에게 독립된 자신'에 대한 인식이 옅은 편이다. 상대와의 관계를 배제한 채 혼자서만 존재하는 자신을 상상하기 어려워한다. 상대, 즉 부모님이나 친구, 연인과의 관계를 통해 자신이 존재한다고 생각한다.

필자는 서양의 문화를 '자기중심의 문화', 동양인의 문화를 '관계의 문화'라고 규정짓고 비교한 적이 있다. 각각의 문화는 다음과 같은 특성을 보인다.

서양에서는 자기 생각을 마음껏 주장하면 된다. 어떤

결정을 할지 말지, 어떤 행동을 취할지 말지를 자신의 의견과 입장을 우선으로 판단하는 문화이다. 자신의 의견과 입장이 가장 중요하다는 관점에서 볼 때 서양의 문화는 명확히 '자기중심의 문화'라고 부를 수 있다. 이런 문화를 바탕으로 자아를 형성해온 이들은 어떤 선택이든 다른 사람에게 큰 영향을 받지 않고 자신을 기준으로 행동한다. 개인으로서 독립한 상태로, 즉 타인과 분리되어 있다.

한편 동양에서는 일방적인 자기주장으로 다른 사람을 곤란하게 만들어서는 안 된다는 전제가 깔려 있다. 어떤 결정을 할지 말지, 어떤 행동을 취할지 말지 역시 상대의 의도나 입장까지 배려하여 판단하는 문화이다. 아주 사소한 것조차 상대의 의도나 입장을 고려하는 편인 동양의 문화는 명확히 '관계의 문화'라고 부를 수 있다. 이러한 문화를 바탕으로 자아를 형성해온 사람들은 개인으로서 닫혀 있는 게 아니라 타인에 대해 열려 있다고 할 수 있다. '자기중심의 문화'를 가진 서양인이 '개인'의 세계를 살아간다면 '관계의 문화'에서 자아를 형성해온 동양인들은 '사람들'의 세계를 살아간다.

'I(나)'가 'You(너, 상대)'에 대하여 독립적으로 존재하며, 일방적으로 자신을 표현하는 것이 '개인' 세계의 기본이다. 자기 생각을 전할 때는 하고 싶은 말을 솔직하게 내뱉는다.

그러나 '관계'의 세계를 살아가는 사람이 똑같이 행동하기는 꽤 어렵다. 상대를 의식하고, 관계를 고려해 상대가 상처받거나 거북하지 않도록, 상대가 불만을 느끼지 않도록 배려하는 것이 자기의 생각을 전하는 것보다 우선되기 때문이다. 따라서 **'관계'의 세계를 살아가는 사람들은 양방향의 관점을 지닌다.**

동양인은 1인칭 주어조차 '나', '저' 등으로 상대와의 관계성에 따라 다르게 쓰는 경우가 많다. 상대가 무엇을 생각하고 있는지, 상대가 바라는 것이 무엇인지 등을 우선시해 대화의 흥이 깨지지 않도록 말투를 조정하는 것이다.

이처럼 관계의 문화 속에서 사는 사람들은 상대를 매우 의식하며 행동한다. 토론이 서툰 까닭 역시 문화적으로 충분한 이유가 있는 것이다.

실제로 어릴 적부터 토론 수업을 통해 자기주장 훈련을

받는 요즘 젊은이들조차 자기 의견을 말하는 데는 서툰 경우가 많다. 잘 모르는 사람들 사이에서 자기 의견을 밝히는 게 어려운 탓에 서로 잘 알고 있는 극히 일부의 사람과만 모여 앉아서 의견을 나누는 식으로 토론 시간을 때우는 경우가 많다고 한다.

잘 알지 못하는 사람에게 의견을 말하는 일이 왜 어려울까? 상대의 생각이나 감수성을 아직 정확히 파악하지 못했고, 따라서 자신의 행동이나 배려가 실패할지도 모른다는 부담감 때문이다. 자기주장을 해야 사회에서 성공한다고 교육받은 젊은이들조차 **'완곡한 표현법'을 사용하여 상대방을 상처를 입히는 일이나 충돌을 피한다. 친구와의 대화할 때로 일상적으로 상대를 배려하는 애매한 표현을 쓴다.**

가령 음악 등 자신의 취미나 기호에 대한 이야기를 할 때도 "나 록 음악 좋아해"라고 명확하게 밝히는 대신 "나록 음악 좋아하는 것 같아"라고 애매한 표현을 쓴다. 그것을 싫어하거나 다른 아티스트를 좋아하는 상대방을 무안하게 만들지 않기 위해 배려하는 표현이다. 또 약속을 잡을 때도 "영화가 보고 싶어"라고 확실히 말하는 대신 "영화도 괜찮을 것 같아"라고 말한다. 상대가 다른 것을 하고 싶어 할지도 모르기 때문이다.

동양인들에게 타인에게 독립한 '나'란 존재는 없다. 그렇다고 자아가 미숙하다는 뜻은 아니다. '관계' 속에서 자기의 본질이 결정된다. 독립된 '나'와 관계 속에서의 '나' 중 어느 쪽을 더 중시하느냐의 차이다.

● 동양과 서양의 문화 비교 ●

동양	서양
관계의 문화	자기중심의 문화
타인과의 관계에서 자신을 이해	개인으로서 독립한 상태
상대의 의도나 입장을 우선적으로 배려하여 판단	상대방보다 자신의 입장을 먼저 고려
나, 저, 귀하, 이쪽…	나
"나 그거 좋아하는 것 같아."	"나 그거 좋아."
"영화도 괜찮을 것 같아."	"영화 보자."

다른 사람의 '시선'에
구속당하는 듯한 기분을 느낀다

대인관계에 특히 신경을 쓰기 시작하는 시기는 중학생 무렵부터이다. 이것은 인지능력의 발달과 관련이 있다. 사춘기가 되면 자기 자신을 응시하는 자아가 강렬하게 기능하게 된다. 그리고 가능한 한 주위 사람들에게 잘 보이기 위해 자신의 말과 행동을 조절한다. 이렇듯 자기 자신의 반응을 조절하기 위해 주위의 분위기를 살피는 것을 '자기 모니터링'이라고 부른다. 자기 모니터링을 하면 주위 사람들과 원만히 지내기 쉽지만, 주위 반응을 지나치게 걱정한 나머지 자유롭게 행동하지 못하는 경향이 나타난다. 이는 많은 사람에게 보이는 일상적인 모습이다.

피곤해서 빨리 집에 가고 싶다고 생각해도, 함께 수다를 떨던 중간에 일어나 "오늘은 좀 피곤해서 먼저 갈게"라며 혼자 빠지기는 어려워한다. '도대체 언제 끝날까?', '오늘은 좀 일찍 끝났으면 좋겠는데'라고 속으로만 생각할 뿐, 대놓고 오늘은 빨리 헤어지자며 이야기할 배짱도 없다.

고민이 있어 속상한데도 무의식적으로 농담을 던지며 웃고 있을 때도 있다. 모두와 떠들고 있다가 불현듯 '내가 뭐하고 있지?'라는 생각이 들기도 한다. 이런 상황은 엄청난 스트레스를 불러일으킨다.

그러다 보면 시선을 별로 신경 쓰지 않고 천진난만했던 어린 시절이나 격 없는 친구가 많았던 학창 시절로 돌아가고 싶다는 헛된 꿈을 꾸기도 한다. 개중에는 대인관계 자체가 너무 어려워서 가능한 한 새로운 사람은 만나고 싶지 않다는 사람마저 있을 정도다. 그 정도로 타인의 '시선'에 구속당하는 것은 괴로운 일이다.

시선에 구속당한다는 느낌은 SNS의 영향도 매우 크다. 요즘에는 어릴 적부터 휴대전화와 함께하게 된다. 어디 그뿐이랴. SNS가 발달하면서부터 항상 친구들과 연결된 느낌으로 살아가고 있다. 예전 같으면 학교에 있을 때만 친구들과 사이좋게 지내면 됐다. 교문을 나와 친구들과 헤어지면 혼자만의 시간을 보내며 에너지를 채울 수 있었다. 그런데 요즘에는 직장이나 학교를 벗어나 전철을 타고 있을 때도, 혼자서 쇼핑할 때도, 집으로 돌아온 후에도, 언제 어디에서든지 메시지가 전달된다.

메시지를 보고도 빨리 대답하지 않으면 자신을 무시한다고 느끼거나, 서먹서먹해질지도 모른다며 걱정한다. 다른 친구들은 답을 했는데 나만 답을 하지 않거나 하면 그룹에서 빠지고 싶어서 일부러 그런다는 오해를 사지 않을지 불안해지기도 한다. 그래서 혼자 있을 때도 친구들의 메시지를 확인하고 답장하는 데 신경을 쓰게 된다. 표정이나 목소리의 상태가 전달되지 않은 상황이므로, 자신의 메세지가 과한 반응은 아닌지 몇 번을 썼다 지웠다 할 때도 있다.

쇼핑할 때도, 공원이나 카페에서 여유로운 시간을 보낼

때도, 집에서 공부할 때도, 영화를 즐기고 있을 때도 항상 다른 사람들의 메시지가 와 있지는 않을지 걱정돼 집중하지 못한다. 심지어 여행지에서조차 친구들의 메시지에 대답하느라 휴대전화만 들여다보고 있기도 하다. 그러니 그 장소에 푹 빠질 수 없는 것은 당연하다. 모처럼 특별한 곳에 있음에도 불구하고 휴대전화에 온 신경을 집중하느라 정작 주위의 경치를 차분히 즐기는 데는 소홀해진다. 공부 등 무엇을 하든 푹 빠지거나 집중할 수 없어서 우울함을 느끼는 사람도 많다.

'SNS 피로증후군'이라는 말이 최근 널리 공감을 받고 있다. 그러나 SNS를 작정하고 그만두기란 쉽지 않다. 페이스북이나 인스타그램에서는 탈퇴한 사람도 메신저 애플리케이션까지는 지우지 못한다. 최근에는 꼭 필요한 연락도 문자 대신 전부 이쪽으로 오는 탓이다. 또한 SNS를 지겨워하면서도 메시지가 전혀 오지 않으면 외로워한다. 도리어 심리적으로 불안정해져서, 궁금하지도 않은데 친구들에게 뭐하냐며 먼저 연락을 하는 등 스마트폰의 노예가 되는 사람도 있다.

이처럼 SNS 때문에 더 많은 '시선'을 의식하게 되었다. 우울하기도 하지만 다른 이들과 연결되어 있다는 것에 연대감과 안도감을 느낀다. 그런 이유로 아무리 우울해도 그만둘 수는 없다. 결국 SNS도 대인관계의 피로를 조장하는 도구가 된 셈이다.

TIP **SNS 우울증**

타인의 화려하고 행복한 일상을 담은 SNS 게시물을 자주 접하면서, 본인은 불행하다고 느끼는 증상. 주로 허탈감이나 자존감 결여, 우울한 감정 등이 동반된다.

● SNS를 하는 사람들의 속마음 ●

웬 자랑질이야!

좋아요 ♥

네가 어떤 옷을 샀는지
아무도 궁금해하지 않을걸?

좋아요 ♥

어째서 일거수일투족을
모든 사람이 알 수 있도록
올리는 거지?

좋아요 ♥

너무 자주 올리는 거
아니야?

좋아요 ♥

해외여행 자주 가서
좋~겠다!

좋아요 ♥

욕구 불만이 계속되다가
한순간에 감정이 폭발한다

다른 사람의 시선에 사로잡히면 자유롭게 행동할 수 없다. 또한 속마음을 전부 표출하는 대신 주위 사람에게 맞추게 된다. 그 스트레스로 인한 초조함이 때때로 감정의 폭발을 유발한다.

밖에서는 무리하면서까지 모두에게 맞추고 있기 때문에 집에 돌아가면 자신도 모르게 가족에게 분풀이하는 사람이 적지 않다. 평소에는 매우 온화하고 타인을 배려하는 성격이던 사람이 갑자기 폭발하여 주위를 놀라게 하는 일이 일어나는 이유도 평소에는 자기의 생각을 억제하면서까지 주변 사람을 위주로 행동하느라 마음속에 부정적인 감정이 쌓여 있기 때문이다.

'욕구 불만–공격 가설'이라는 심리학 이론이 있다. 욕구 불만이 심해지면 공격성이 강해진다는 이론이다. 심리학자 존 달러드(John Dollard)가 처음 제창한 이 가설은 목표를 향해 수행되던 행동이 저지당할 경우, 욕구 불만이 생기고, 그 감정의 해소 또는 저감을 위해 공격적인 행동을 하게 된다는 것이다. 달러드 연구팀은 욕구 불만–공격 가설에 기초한 많은 실험과 조사를 통해 타당성을 인정받았다.

예를 들어 심리학자 로저 바커(Roger Barker) 연구팀은 어린이를 대상으로 욕구 불만이 공격적인 행동을 야기하는 메커니즘을 명확히 증명하기 위해 어린이들을 두 그룹으로 나누어 실험했다. A그룹에는 장난감으로 가득한 방을 보여준 후 장난감을 손이 닿지 않는 곳에 두어 욕구 불만을 일으켰으며, 한참이 지난 다음에서야 어린이들에게 장난감을 갖고 놀게 했다. 반면 B그룹에는 마찬가지로 장난감으로 가득한 방을 보여준 후 어린이들이 장난감을 바로 갖고 놀 수 있도록 했다. 즉, 욕구 불만을 일으키지 않았다. 그 후 두 그룹의 행동을 비교하면 어떨까?

B그룹의 어린이들은 즐겁게 장난감을 갖고 놀았다. 그러나 A그룹의 어린이들은 장난감을 때리고, 벽으로 던지거나 밟아버리는 등 매우 파괴적이고 공격적인 행동을 한다는 경향을 관찰할 수 있었다.

어린이는 어른과 달리 충동을 솔직하게 표현한다. 이와 같은 실험 결과는 욕구 불만이 공격 행동을 불러일으킨다는 단적인 증거이다. 철망 너머에 장난감이 있는 데도 손이 닿지 않기 때문에 장난감을 바라볼 수밖에 없었던 어린이들은 욕구 불만에 따른 초조함이 쌓였고, 그 결과 장난감을 망가뜨리거나, 던지거나, 밟는 등의 공격적인 행동을 표출한 것이다. 이 경우에는 공격이 욕구 불만을 일으킨 장난감에 향했지만, 공격의 대상은 자신을 화나게 한 사람이나 주변인, 또는 제3자 등으로 바뀌기도 한다.

사람들과의 관계에서 예민해져 욕구 불만 상태가 된 사람은 집으로 돌아가는 버스 안에서 큰 소리로 떠드는 사람에게 "조용히 좀 해요!"라며 호통을 치거나 작은 잘못을

한 가족을 과도하게 비난하기도 한다. 편의점의 계산대에서 일 처리가 굼뜬 점원을 만나면 "뭘 그렇게 꾸물대는 거야!"라고 투덜거리는 일도 있다. 혹은 자기 방에 들어가자마자 가방을 던져 버리거나 발밑의 쓰레기통을 걷어차는 등 물건을 부수기도 한다. 이러한 경우는 욕구 불만의 원인과는 아무런 관계도 없는 사람이나 물건에 대해서 공격 행동을 드러낸 것으로, 공격 대상이 확실히 바뀌었다고 할 수 있다.

이와 같은 치환이 일어날 때는 욕구 불만으로 인한 불안을 발산하려는 공격적인 행동이 특히나 강해진 상태이므로 모든 자극에 과도하게 반응하는 경향이 있다. 평소와 다를 게 없는 상황에서도 "당신이 뭔데 그런 말을 하는 거야!"라고 불만을 터뜨리기도 한다.

이것은 '적대적 귀인 편향(Hostile attribution bias)'이라는 인지 부조화다. 귀인(attribution, 歸因)이란 '어떤 행동을 확인한 후 가능한 많은 행위 원인들 가운데 어느 원인을 그 행동에 귀속시켜야 할지를 추론하고 결정하는 과정'을 뜻하는 용어이다. 따라서 적대적 귀인 편향이란 타인의 말과 행동을 적의로 보는 인지 왜곡이라고 할 수 있다.

　이와 같이 갑작스러운 공격성은 주로 문제가 일어난 바로 그 상황이 아니라 뒤늦게 나타나는 경우가 많으므로, 주변 사람들에게 이해를 받기보다는 '왜 저래?' 하고 당황스럽다는 인상을 주기 쉽다.

TIP 욕구 불만 – 공격 가설

공격은 항상 욕구 불만을 전제로 한다는 가설이다. 이때 공격의 강도는 욕구 불만의 양에 비례한다. 또한, 공격은 욕구 불만을 일으킨 대상뿐 아니라 제3의 것으로 확산될 수도 있다.

● 욕구 불만으로 인한 공격성의 표출 ●

저 사람은 왜 만날
말을 공격적으로 하는 거야?

그런 행동
진짜 노매너야!

참아주는 것도
한두 번이지….

나는 지금까지 잘 참아 왔으니까,
지금 내가 화내도 다들 이해해주겠지?

다들 너무하신 거
아니에요?!

왜 저래?!

2장

타인에게
미움받는 것이 두렵다

친구의 권유를
쉽게 거절하지 못한다

많은 사람을 상담한 결과, 대인관계 중 무리하여 상대에게 맞추려 하는 과정에서 오는 스트레스가 생각보다 많다는 것을 알 수 있었다. 이와 같은 스트레스는 학창 시절부터 시작된다고 한다.

중학생이나 고등학생 때 이런 기분을 느껴본 적이 있는가? 교실에서는 모두와 시시콜콜한 잡담을 즐겁게 나누지만, 집으로 돌아가서는 '시간을 허비했네'라고 후회한다. 그러나 다음 날도 또 같은 일이 반복된다. 결국은 붙임성이 없다는 말을 듣기 싫어서 그 자리에 앉아 있는 자신이 싫어졌다고 한다.

주변인의 권유를 거절하지 못하는 사람들도 매우 많다. 중학생이나 고등학생 때도 그랬지만 어른이 된 후에도 마찬가지다. 오히려 행동의 자유도가 높아진 만큼 이런저런 권유도 많아져 본의 아니게 수락하는 일이 많아진다. 피곤해서 쉬고 싶은데도 밥을 먹으러 가자는 소리를 들으면 함께 시내에 나가고, 누군가 노래방에 가자는 제안을 하면 그리 끌리는 제안이 아니어도 "오늘 먼저 갈게" 같은 거절의 말을 꺼내지 못한다. 놀 때는 신나게 놀지만, 집으로 돌아오면 피로가 한꺼번에 몰려온다. '역시 거절하고 집에서 느긋하게 쉬는 게 좋았을걸'이라며 후회하는 것 역시 하나의 루틴이다.

영화를 보러 가자는 친구의 제안에 크게 흥미가 없는 영화를 보기도 한다. 이는 친구와 좀 더 함께하고 싶고, 친구와 좋은 관계를 유지하고 싶기 때문이다. 영화가 끝나고 나면, 예상대로 자기 취향도 아닌 것에 돈과 시간을 써버린 것을 후회하지만, 비슷한 제안을 들으면 마찬가지로 마음이 흔들린다. 후회가 반복되면 결국 가기 전부터 지쳐 어떤 이벤트에 참여해도 전혀 즐겁지 않게 된다.

반대로 거절당하는 게 두려워 친구에게 무언가를 같이 하자고 권유하지 못한다는 이들도 많다. 거절당하고 상처 받을까 봐 주변 사람들에게 무언가를 굳이 추천하거나 제 안하지 않는다. 메뉴를 고를 때도 "난 아무거나 좋아" 하 고 결정을 다른 사람에게 넘기곤 한다. 그 결과 친구가 좋 아하는 것만 따라 다니고, 친구의 장단에 맞춰 움직이는 일이 계속된다.

부탁 역시 잘 거절하지 못한다. 친구가 귀찮은 일이나 하기 싫은 일을 부탁할 때도 "싫어"라고 말하지 못한 채 떠맡는 경우도 있다. 예를 들어 수업 중에 노트 필기를 전 혀 하지 않고 게임만 하던 친구가 시험 전에 노트를 빌려 달라는 부탁을 한다. 마음속으로는 '허구한 날 딴짓만 하 던 녀석에게 노트를 빌려주고 싶겠냐?'라고 외치면서도 마지못해 빌려준다.

회사에서 누군가 "이 일 좀 대신 해줄 수 있나요?"라고 부탁해올 때도 마찬가지이다. 자신의 일로 벅찬 상황에서 도 차마 거절하지 못한다. 나쁘거나 매정한 사람으로 비치지는 않을까 망설이다가 거절할 타이밍을 놓치는 것이다. 거절해서 마음이 불편할 바에야 그냥 좀 고생하고 말자는 사람도 많다. 하지만 일을 끝마치고 난 후에는 '그냥 확실하게 거절할걸!' 하고 후회하곤 한다.

내가 거절한다고 해서 무조건 상대방이 상처받는 것은 아니다. 마찬가지로 상대방이 거절한다고 해서 그게 '내가 싫어서'는 아니라는 사실을 알아야 한다.

동의하지 않는 데도 남의 주장에 고개를 끄덕이는 이유는 뭘까?

흥미 없는 이야기에도 일단 동조하고, 웃기지도 않는 개그에도 상대방이 민망할까 봐 큰 소리로 웃는다. 이렇듯 상대에게 관심을 집중한 후에는 피로감이 상당하다. 더욱 곤란한 것은 상대방의 의견이 틀렸다고 생각하면서도 마치 동의하는 것처럼 고개를 끄덕이며 듣고 있을 때다. 직장 상사가 자신의 가치관에 맞지 않는 정치 얘기를 떠들어도, 마음속으로만 항변할 뿐 입 밖으로 꺼내지 못한다. 어디 그뿐인가. 반사적으로 고개를 끄덕일 때도 있다. 그럴 때는 매우 기분이 나쁘다. 그 분노의 원인에는 예의 없는 발언을 공개적으로 하는 직장상사도 있지만, 그 의견에 동의하지 않는 데도 수긍하는 듯이 듣고만 있는 자신도 포함된다.

때때로 '관계성 공격'에 휩싸이는 경우도 생긴다. 관계성 공격이란 '대인관계를 악의로 조작하려는 행동'이다. 일부러 괴소문이나 잘못된 정보를 퍼뜨려서, 한 사람을 무리에서 따돌리거나 믿지 못하게 만드는 행위를 의미한다. 특히 인터넷 기술이 발달하고 많은 사람이 SNS를 하는 요즘, 관계성 공격은 인터넷을 통해 전방위로 행해진다. 이는 인터넷상이나 개인에 한정되지 않는다. 가상의 적을 만들어 내부의 연대성을 강화하려는 전략은 국가와 기업에서도 흔히 사용된다. 학교의 동아리에서도 강력한 라이벌 학교를 의식하는 방법으로 연대감을 결집한다. 그러한 전략이 친구 관계에서 무의식으로 쓰일 때도 있다. 공동의 적을 만들면 결속력이 강화되기 때문이다.

"친구 A가 남의 험담을 했어"라는 말을 들으면 A를 잘 알고 있는 나로서는 그럴 리가 없다고 생각하지만, 그 말을 전한 사람과 싸우고 싶지 않아서 구태여 반론을 하지 않고 흘려버린다.

그 정도라면 괜찮지만, "B가 C를 헐뜯더라. 너무 심하지 않아?"라는 소리를 듣고는 B가 정말로 그렇게 말했을까 생각하면서도, "그래, 그건 너무 심하다. C가 불쌍해"라며 공감을 표하기도 한다. 게다가 C와 만나서 "B가 네 험담을 한다더라"면서 B의 욕까지 해버리기도 한다. 뒷말을 나누며 더 친밀해지려는 친구에 동조하는 것이다. 여기에는 주변인과 더 가까워지고 싶다는 의도도 있지만, 자신과 비밀을 나누려는 사람과 어색해지는 게 싫다는 마음도 있다.

관계성 공격은 가까이에 있는 사람들 사이에서 더 잘 나타난다. 험담으로 다져진 관계가 싫으면서도, 그것을 뿌리치려고 하면 다음에는 내가 표적이 되어 험담을 듣게 될까 봐 동조하는 사람도 있다. 그렇다면 함께 웃고 잊어버리면 좋을 텐데, 꼭 한밤중에 하루를 돌아보고 강렬한 후회에 사로잡힌다.

상대의 의견이 틀렸어도 지적하지 못하고, '그건 좀 아닌데'라고 생각해도 고개를 끄덕이며 듣는 행동은 상대의 기분을 상하지 않게 하려는 배려의 표현이지만, 지나치면 비굴한 태도로 굳어진다.

특히 얼굴을 마주하고 이야기를 나누는 대면 상황과 달리 SNS는 내 모습이 상대에 전해지지 않기 때문에 친구의 글을 읽고 의견이 좀 달라도 '좋아요'를 누르는 일이 많다. 고급 레스토랑에서 식사하며 자랑하는 사진을 보고 '웬 자랑질이야!'라고 성질을 내면서도 '좋아요'를 누른다. 쇼핑할 때마다 사진을 일일이 올리는 친구, 조금이라도 좋은 곳으로 외출하면 꼭 그 풍경을 찍어 올리는 친구의 사진을 보면서도 '자기의 일상을 하나하나 다른 사람에게 알릴 필요가 있나?'라며 비판적인 자세를 취하면서도 반사적으로 '좋아요'를 누른다.

사실은 좋아하지 않음에도 기만적인 행동을 취하다 보면 기분이 좋을 리가 없다. 그러나 상대가 나에게 '좋아요'를 많이 눌러주었다면 그게 고마워서라도 '좋아요'를 누르게 된다.

그 반대의 경우도 있다. 자신의 포스팅에 모두가 '좋아요'를 누르거나, 호의적인 댓글을 달아주면 굉장히 기분이 좋다. 그러나 동시에 자신이 올린 사진을 보며 자신처럼 '이런 사진을 왜 올렸어?'라고 생각하지는 않았을까 걱정되기도 한다. 이처럼 생각하면 SNS는 상대의 속마음을 매우 읽기 어려운 커뮤니케이션이다.

TIP 관계성 공격

대인관계를 악의로 조작하려는 것으로, 일부러 괴소문이나 잘못된 정보를 퍼뜨림으로써 따돌림을 시키거나 불신감을 느끼게 하는 행위를 의미한다. '사이버 따돌림' 등으로도 이어진다.

예의를 차리느라
사람들과 쉽게 친해지지 못한다

상대에게 폐를 끼치지 않도록, 기분 상하지 않도록 계속해서 노력하는데도 상대와 심리적 거리가 좁혀지지 않는 경우도 있다. 처음 만나는 사람에게는 실례가 되지 않도록 존댓말을 하고, 정중하게 예의를 차리는 데도 좀처럼 친해지지 않는다. 그런데 그런 걱정은 전혀 없다는 듯 느닷없이 반말을 하거나, 손윗사람에게 장난을 치는 등 자신의 입장에서는 이해가 가지 않는 행동을 하는 사람이 이상하게도 사람들에게 예쁨을 받고 친밀한 사이로 쉽게 발전한다. 특히 남들에게 인정받고 싶은 욕구가 강한 유형은 그런 경험을 할 때마다 왜 저런 사람이 자신보다 더 인정받는지 의아해진다.

예를 들어 선생님에게는 항상 존댓말을 사용하고, 예의 바르게 행동해야 한다고 교육을 받으며 자랐다. 그런데도 친구를 대할 때처럼 장난치는 사람이 선생님과 쉽게 친해진다. 동아리에서도 자신은 선배에게 존댓말로 깍듯이 예의를 갖추는데, 선배와 반말을 툭툭 내뱉는 동창생이 훨씬 더 귀여움을 받는다.

이런 경험을 통해 지나치게 예의를 차리는 사람보다는 응석을 부리며 마음을 여는 사람이 다른 사람과 친해지기 쉽고, 너무 정중한 태도이면 오히려 심리적 거리가 좁혀지지 않는다는 것을 깨닫게 된다. 그러나 머리로는 알아도 금세 속마음까지 털어놓으며 붙임성 있게 행동하지는 못한다.

속내를 터놓고 지내지 못하여 외롭다고 느낄 때도 있다. 필자는 학생들로부터 가벼운 농담을 하며 웃거나 가벼운 정보 교환을 나눌 뿐, 속마음을 주고받는 친구가 없어서 외롭다는 상담을 받은 적이 많다.

지금까지 살펴본 것처럼 우리는 상대를 관찰해 맞춰주려고 노력하는 성향이 있다. 자신을 많이 드러내는 대신 상대가 기대하는 반응을 연기한다. 일부러 연기할 생각은 없지만 갑자기 분위기가 어색해지는 게 싫고, 또 이상한 사람이라고 여겨지기도 싫기 때문에 저절로 자기주장을 숨기게 되는 것이다.

실제로 학생들을 과거와 비교해 보면 와자지껄 떠들고 있지만, 진심으로 고민을 나누는 분위기는 아닐 때가 많다. 필자는 이런 장면을 흔히 목격하기 때문에 저서 『예능 프로그램화되는 사람들—당신의 캐릭터는 '자기다움'인가?』에서 친구 그룹의 대화가 '예능 프로그램화'되고 있다고 지적한 바 있다. 대화에 깊이가 없고 농담만 난무하는 '공허' 상태라고 할 수 있다. 진심으로 걱정거리를 말하면 즐겁고 가벼운 분위기가 깨지고, 모두가 탐탁치 않아 할 것 같아서 속마음을 말하지 못하게 되었다는 식이다.

정신과 의사 오히라 켄(大平健)은 '상냥함의 변용'에 대해 지적했다. 그는 젊은이들 사이에 상냥함(친절)이 변용

즉, 다르게 사용되고 있음을 지적하고 그것을 '치료로써의 상냥함'에서 '예방으로써의 상냥함'으로 변화한 것이라고 특징짓는다. 서로가 마음의 상처를 위로하려고 노력하기보다 애초에 서로를 상처주지 않는 것을 목표로 하기 때문이다.

한때는 상대의 기분을 살피고 공감하면서 서로의 관계를 좋게 이어가는 것을 배려라고 보았다. 그런데 요즘에는 상대의 기분에 관여하지 않는 것이 배려라고 여겨진다. 상대의 기분을 굳이 파고들어 따지거나 알려고 하지 않는 것이 매끄러운 관계를 유지하는 데 꼭 필요한 자세가 됐다.

이처럼 상냥함의 의미가 바뀌었기에 마음을 터놓고 지내는 교류가 어려운 게 당연하다. '치료로써의 상냥함'이 주류인 시대에서는 속내를 맞부딪치면 상처를 받더라도 어떻게든 회복할 수 있다고 믿었다. 그런데 '예방으로써의 상냥함'이 주류의 시대에는 무심코 상대의 기분에 상처를 냈다면 관계가 어색해져 회복 불가능한 지경에 이른다. 그것을 예방하는 법은 서로 상대의 기분에 관여하지 않는 것뿐이다.

이러한 변화의 배경에는 **상처를 입는 것과 상처를 입히**

는 것, 두 가지 모두에 대한 극도의 공포심이 자리한다. 농담하고 받아치는 것을 즐기는 정도라면 진심의 메시지가 담겨 있지 않으므로 상처 입는 것을 막을 수 있다. 그것은 무난한 방법일 수는 있으나 속내를 교류할 수 없으므로 외로움이 동반될 수밖에 없다.

남들과 속마음을 나누고 싶지만, 동시에 겁이 난다

진심을 나누지 못하는 교제로 인한 외로움, 연결에 끊임없이 얽매여 있는 데서 생기는 우울함을 언제, 어디에서나 느끼는 시대이다. 겉으로는 이어져 있어도 마음으로는 이어지지 않았다고 느낀다. 사람들과 모여 떠드는 것이 즐겁기는 하지만 눈치를 보다 지쳐버린다. 무엇인가 부족한 기분을 느낀다. 진심으로 고민을 털어놓을 수 있는 상대가 있었으면 좋겠다고 생각하는 사람이 많을 것이다.

학생들과 그러한 주제를 꺼내면 다음과 같은 이야기를

들을 수 있다.

　"친구는 많지만 역시 눈치를 보게 되는 편이에요. 솔직히 피곤해요. 모든 사람과 깊이 사귈 수는 없겠지만 한두 명이라도 좋으니 진심으로 마음을 터놓을 수 있는 친구가 있으면 좋겠어요."

　"이렇게 눈치를 살피는 건 진정한 친구 사이가 아니라고 생각해요. 그렇지만 지금의 친구 관계를 저버리면 외톨이가 되겠죠. 그럴 용기도 없어서 고민이에요."

　가식적인 관계를 맺고 있다는 사실이 우울하게 느껴진다. 그러나 '생각이 달라서 서먹서먹해지는 것도 싫은데', '속마음을 말했다가 별난 사람이라고 여겨지는 건 싫어'라는 생각이 강하다. 이처럼 서로에게 '버려지는 불안'에 위협을 받기에 쉽게 진솔한 교제를 할 수 없다. 또, 진솔한 교제를 바라면서도 한 발 다가서려는 용기는 없다. 군중 속의 고독과 독립된 자아의 공포라는 딜레마에 빠져 있기 때문이다.

　누구나 마음속에 '무시받고 싶지 않다는 불안감'을 품

고 있다. 친구가 심한 말을 하거나 싫은 태도를 보이면 누구라도 상처를 받는다. 평소 말을 툭툭 내뱉는다고 소문난 친구와 함께 있으면 상처를 받을 확률이 크므로 가능한 한 엮이지 않기를 바란다. 그러나 최근 사람들의 교류 방식을 살펴보면, 타인과 제대로 관계를 맺기 전부터 상처받는 것을 과도하게 두려워한다는 점을 알 수 있다.

타인에게 조언을 들으면 '거만한 태도에 화가 난다'라는 감정을 가지는 젊은이도 늘고 있다. 몇 해 전 필자는 『거만함의 구조』라는 책을 통해 그 심리를 분석하고, '무시당하고 싶지 않다는 불안'이라고 명명했다. '무시당하고 싶지 않다는 불안'이란 타인에게 '무시당하는 건 아닐까?', '날 얕봐서 조언하는 게 아닐까?', '가벼운 사람이라고 여겨지는 건 아닐까?' 하며 불안해하는 것이다. 누구라도 그러한 불안감은 품고 있지만 '무시당하고 싶지 않다는 불안'이 매우 강할 경우, 상대가 친절하게 말하며 실제로 도움이 될 만한 조언을 해줘도 자신에게 우위를 과시하고 있다고 오해한다.

누군가 조언을 하게 되면 '가르쳐주는', '가르침을 받는'의 두 가지 입장이 생긴다. '가르쳐주는' 인물이 '가르침을 받는' 인물보다 나이든 지식이든 우위에 위치할 확률이 크다. 따라서 '무시당하고 싶지 않다는 불안'은 단지 도와주겠다는 말에도 과하게 반응한다.

머리로는 친절을 베푸려는 것임을 알지만, "아직 못하겠지?", "능률이 높지 않군"이라는 말을 들은 것 같은 언짢은 마음이 들기 때문이다. '무시당하고 싶지 않다는 불안'이 강하면 친절한 태도조차 자신을 깔보는 태도로 비친다. 그 결과, 감사하기는커녕 '거만한 시선에 화가 치미는' 것이다.

필자가 대학생 310명을 대상으로 실시한 의식 조사에서 '다른 사람의 태도에 화가 치민 적이 있다'고 대답한 학생이 64%, '동갑의 말에 거만함을 느낀 적이 있다'라고 대답한 학생도 40%였다. 이는 '거만함'에 과민하게 반응하는 젊은이가 대단히 많다는 것을 증명한다. 또한 '다른 사람에게 무시당하기 싫다는 생각이 강하다'가 68%, '다른 사람에게 인정받고 싶다는 바람이 강하다'가 70%로 조사됐다. 이 결과로 많은 젊은이가 다른 사람의 평가에 불안해한다는 것을 알 수 있다.

더구나 20대부터 50대까지 각 연령대 175명씩, 총 700

명을 대상으로 실시한 의식 조사에서 역시 '다른 사람에게 무시당하고 싶지 않다는 생각이 강하다'는 응답이 절반을 넘었으며, 상관 분석의 결과, 주변 사람의 '거만한 태도'가 싫다는 사람일수록 다음과 같은 경향이 나타난다는 것을 파악했다.

❶ 타인의 비판에 그것이 옳든, 옳지 않든 일단 화가 난다.

❷ 다른 사람에게 바보 취급을 당하고 싶지 않다는 생각이 강하다.

❸ 걸핏하면 불만을 느낀다.

❹ 무엇을 하든 잘하지 못한다고 생각한다.

❺ 다른 사람과 자신을 바로 비교해버린다.

❻ 일(공부)이 싫어서 견딜 수 없었던 적이 있다.

❼ 내가 다른 사람에게 어떤 평가를 받고 있는지 매우 걱정된다.

타인의 거만한 태도를 견디지 못하는 사람은 현재 상황에 불만이 심하고 자신이 없다. 또한 '무시당하고 싶지 않다는 불안'이 강한 사람일수록 '거만한 태도'에 과민하게 반응한다는 것을 알 수 있다.

'무시당하고 싶지 않다는 불안'이 심하면, '거만한 태도'에 과민하게 반응할 뿐만 아니라, 실제 이상으로 대단한 사람으로 보이고 싶은 마음에 허세를 부리거나 이야기를 과장하기 쉽다. 그런 행동을 자주 하면 '그 녀석은 항상 이야기를 부풀려서 한단 말이야'라고 간파당하거나 부자연스러운 행동 때문에 오히려 소인배라고 평가받기도 한다.

상대의 가벼운 말이나 태도에 과도하게 반응하여 기분 나빠하거나, 공격적인 태도를 취하는 까닭도 '무시당하고 싶지 않다는 불안' 탓으로, 상대가 자신을 낮잡아보고 있다고 곡해하기 때문이다.

● 무시당하고 싶지 않다는 마음이 강할 경우 ●

'미움받을 용기'를 가지면
도움이 될까?

친구의 눈치를 살피고 나를 억눌러 가며 주위에 맞추려고만 하는 자신이 한심하게 여겨질지도 모르겠다. 하루를 돌아보면서 그렇게 살지 말자고 다짐했으면서도 다음날에는 자신을 억누르며 친구에게 맞추려는 내가 있을 뿐이다. 어째서일까? 무엇보다 다른 사람에게 미움받는 것이 무섭기 때문이다. '다른 사람에게 미움받기 싫다는 불안이 과도하게 눈치를 보게 만든 것이다.

앞서 소개한, 대학생과 전문대학생을 대상으로 실시한

조사에 의하면, '다른 사람에게 좋은 평가를 받고 있는지 매우 걱정이 된다'는 79%, '다른 사람에게 미움받고 싶지 않다'는 72%, '다른 사람에게 미움받는 건 아닐까 불안해한 적이 있다'는 60%, '상대에게 어떻게 평가받을지 걱정이 되어서 하고 싶은 말을 못 한 적이 있다'는 52%, '좋은 사람인 척 연기한 적이 있다'는 60% 비율로 각각 긍정의 응답을 했다.

타인에게 어떤 평가를 받는지에 신경이 쏠리면 마음이 위축되어 편치 않고 느긋함도 사라진다. 결국 나다움을 잃게 된다.

"나를 드러내 보였는데, 상대가 나를 꺼린다면 진정한 친구라고 할 수 없다. 미움받아도 괜찮지 않은가? 원래 맞지 않는 상대이니까." 책을 읽거나 신문이나 인터넷의 인생 상담 코너를 살펴보면, 이런 글이 적혀 있다.

'나답게 살기 위해서는 미움받는 것을 두려워하지 말고, 미움받을 용기를 가지면 된다' 같은 말을 들으면 어떨까?

- 싫다고 말하지 못하는 자신이 싫다.
- 울적한데도 입은 계속 떠들고 있는 자신이 처량하다.

- 자신의 의견도 말하지 못하고 항상 상대에 맞출 뿐인 스스로가 싫어진다.
- 상대가 싫은데도 멀어질 용기가 없다.
- 친구들에게 멀어지는 것이 싫어서 분위기에 휩쓸리는 내가 싫다.
- 주위의 반응을 살피면서 상대의 감정이 상하지 않을 이야기밖에 하지 못하는 것이 불만스럽다.
- 미움받는 게 두려워서 오히려 타인과 친밀해지려는 노력을 하지 않는다.
- 반발이 두려워서 하고 싶은 말도 하지 못하는 자신을 바꾸고 싶다.

이러한 생각으로 자신을 책망하는 사람에게 '미움받을 용기'라는 말은 마치 진리처럼 다가온다. '소심하게 사는 건 우울하지만 미움받긴 싫어'라는 갈등을 품고, '이런 내가 정말 진절머리가 나. 바꿀 수 있다면 바꾸고 싶어!'라고 마음으로 외치고 있는 사람에게 '미움받을 용기'라는 말은 매우 매력적으로 들린다.

무엇인가에 얽매어 원하는 생활을 하지 못하고, 사람들이 나를 어떻게 생각할까를 끊임없이 걱정하며 매우 부자연스러운 삶을 살고 있는 사람에게 '미움받을 용기'라는 말은 일종의 구원의 씨앗이다. 그렇게까지 사람들을 신경 쓰지 않아도 된다고 생각하면 마음이 편해진다. 미움받아도 괜찮아지는 상태가 되면 지금보다 나답게 살 수 있을 거라고 믿게 된다.

하지만 이 말을 믿고 그대로 행동해도 될까? 주위와 잘 어울리려고 했던 사람이 하루아침에 제멋대로 굴며 사람들을 놀라게 하는 경우가 있다. 무리하여 사람들에게 잘 보이거나 타인의 의향을 살필 필요가 없다고 판단을 내리고는, 지금까지와는 반대로 극단적인 자기중심적 상태가 되어 상대에 불쾌감이나 불신감을 주는 부적절한 행동을 하게 되는 것이다.

카운슬링 책을 읽고 나서 갑자기 건방져지는 사람도 있다. 그 사람의 손에 든 책에는 '무리하지 않아도 괜찮다', '자신을 억누르기 때문에 괴로운 것이다', '좀 더 제멋대로 굴어도 괜찮다', '좋은 사람인 척 연기하는 건 그만두자', '다른 사람에게 좋은 사람으로 보이기만을 바라면 나답게 살 수 없다' 등 구원의 메시지가 적혀 있다.

하지만 이는 자신을 과도하게 억눌러 질식할 것 같은 사람을 향한 위로하기 위한 조언일 뿐이다. '지나치게 무리하여 지친 거예요. 조금 편하게, 자연스러운 자세를 취하면 어떨까요?'라는 뜻으로 하는 말이다. 지나치게 자기 자신을 괴롭히는 사람을 향한 메시지이다.

타인의 비위를 맞추려고 세상을 사는 게 아니다. **'미움받고 싶지 않아'라거나 '좋은 사람으로 보이고 싶어'라는 등 타인의 평가만을 걱정하는 삶이란 참으로 쓸모없다. 미움받는 것을 걱정하는 대신 자신에게 솔직해지자는 말은 실제로 큰 도움이 된다.**

문제는 이를 멋대로인 자신을 완전히 드러내도 괜찮다고 해석해 안하무인으로 행동하는 경우다. 미움받을 용기를 가져 과잉 상태의 사회 적응력을 다소 완화하는 정도라면 좋겠지만, 항상 자신을 과도하게 억누르고 있던 사람은 자신을 적당히 드러내는 법을 모른다. 상대의 입장이나 마음을 고려하면서 자신의 의견을 말하는 건 어려운 일이다. 그런데 갑자기 자신을 드러내려고 하면 어찌할 줄을 모르고 갈팡질팡하다가 결국 극도의 스트레스만 쌓인다.

자신을 억누르는 고삐를 느슨하게 해도 제대로 된 행동을 하는 사람은 본래부터 대단히 균형이 잘 잡힌 마음을 가진 사람이다. '더 이상 참을 수 없어'라는 생각에 건방진 태도가 전면에 등장하고, 이기적인 행동이 전부 노출될지도 모른다.

　여기에 '미움받을 용기'라는 말에 무심코 매혹되지 말아야 하는 이유가 있다. '미움받을 용기'라는 말은 눈치 보는 삶을 사는 사람에게 구원의 말처럼 들릴 수 있으나 때에 따라서 그동안 잘 다져온 대인관계를 파괴하는 악마의 속삭임일 수도 있다. 자신의 행동 기준을 제대로 정하지 않으면 지금껏 쌓아온 신뢰와 인간관계를 완전히 무너질 수도 있다.

3장

대인불안이란
무엇일까?

대인불안이라니,
심각한 문제일까?

　현대인들은 사람들과 잘 지내는 경우라도 마음속으로는 늘 대인관계에 불안을 느낀다. 첫째로 대화에 관해 불안해한다. 잘 모르는 사람이나 그다지 친하지 않은 사람과 만날 때면 '어색하지 않게 잘 말할 수 있을까?', '무슨 말을 하면 좋을까?', '엉뚱한 말을 꺼낸 건 아닐까?'라는 등의 생각으로 만나기 전부터 긴장된다.

　상대방에게 호의적으로 보이고 싶어 불안해하는 심리도 있다. 누구나 상대방에게 부정적인 모습을 보이고 싶지 않아 한다. 대인관계에 절대적인 자신감을 가진 사람은 없다. 따라서 대부분의 사람들은 '나를 좋아해줄까?', '미움받지 않을까?', '귀찮아하면 안 되는데'라는 걱정 때문에 상대의 말이나 태도에 매우 예민해진다.

상대방이 자신을 이해해주지 않을까 봐 불안해하는 심리도 있다. 무슨 말을 하려고 할 때마다 '공감해줄까?', '날 이상한 사람으로 생각하지 않을까?, '이 얘기를 듣고 나를 피한다면 상처받을 거야'라는 염려에 좀처럼 솔직히 말하기 어렵다. 이런 대인관계에서 생기는 불안을 '대인불안'이라고 정의한다.

심리학자 데이비드 버스(David M. Buss)에 따르면, 대인불안이란 '남 앞에 나섰을 때 느끼는 불쾌감'이며 다음과 같은 심리 경향을 나타낸다고 한다.

대인불안의 대표적인 증상

① 처음 참석하는 자리에 익숙해지는 데 시간이 걸린다.

② 남이 보고 있으면 일에 집중이 되지 않는다.

③ 수줍음을 잘 타고, 낯을 많이 가린다.

④ 남 앞에서 말할 때는 불안해진다.

❺ 많은 사람에 둘러싸여 있으면 신경을 너무 많이 써서 쉽게 지치는 편이다.

대부분의 항목이 들어맞는다는 사람이 많지 않을까? 실제로 앞에서 예로 든 세 가지 유형의 불안에 대해 언급하면, 많은 이가 '마치 내 이야기를 하는 것 같다'며 공감한다. 또 대부분이 데이비드 버스의 다섯 항목이 모두 자신에게 해당된다고 말한다.

심리학자 베리 슐렝커(Barry Schlenker)와 마크 리어리(Mark Leary)는 대인불안을 '현실 또는 상상 속의 대인적 장면에서 타인에게 평가받는 상황 혹은 평가받는 것을 예상하는 과정에서 생기는 불안'이라고 정의한다. 베리 슐렝커와 마크 리어리의 정의는 나아가 대인불안이 생기는 심리 구조까지 분석한다. 즉, 남이 자신을 어떻게 평가하느냐를 신경 쓰다 보면 불안한 감정이 높아지는데 그것이 대인불안이라는 뜻이다.

대인불안이 강하면 대면 상황을 두려워해서 가능한 한 새로운 사람과 만나는 것을 회피하려고 한다. 언제나 불안하기 때문에 다른 사람의 사소한 말이나 행동도 부정적으로 받아들이고 쉽게 상처받을 확률이 높다. 대인관계를 피하려고 하기에 솔직한 관계를 맺지 못하고, 만일의 경우에 도움이 되는 유대가 생기기 어렵다.

대인불안의 증상에 관해 이야기를 하면 많은 사람들이 자신도 대인불안이 심했다는 사실을 알게 됐다며 상담하러 오거나 평소에 느꼈던 감정을 고백하러 필자를 찾는다. 학생들과 이야기를 나눠봐도, 육아 중인 엄마들과 대화를 해봐도, 기업 연수에서도 마찬가지이다.

자신은 누구와도 잘 지낼 수 있는 타입이라고 생각했지만 대인불안의 증상에 대해 알게 되자 확실히 자신에게도 그런 면이 있음을 깨닫게 되었고, 지금까지 정신적인 피로감을 느껴왔지만 그 원인을 몰라서 해소할 수 없었다는 사람도 있다.

이렇듯 많은 사람들이 대인불안을 느낀다. 앞에서도 살펴봤듯이 다른 사람들에게 미움받고 싶지 않다는 마음이 강한 사람이 매우 많다. '이런 말을 하면 나를 나쁘게 생각하지 않을까?'라는 생각이 너무 강한 탓에 하고 싶은 말도 쉽게 꺼내지 못하고, 싫은 것도 싫다고 거절하지 못한다. 다른 사람에게 미움받을지 모른다는 불안, 이른바 '버림받고 싶지 않다는 불안'이 대인불안의 대표적인 원인인 것이다.

● 대인불안의 대표 증상 ●

누군가가 말을 걸면 어쩌지 하는 걱정 때문에 새로운 환경에서는 늘 긴장한다. ☐

학생 때 진학하거나 반이 바뀔 때마다 잘 지낼 수 있을까 불안이 심했으며, 취직 후에도 새로운 대인관계에서 잘 해낼 수 있을지 불안하다. ☐

거절당하는 것이 두려워서 친구에게 무언가를 권유하는 게 어렵다. ☐

그룹이 생기면 그 속에서만 어울리게 된다. ☐

상대방이 어떻게 생각할지 신경 쓰여서 자신을 쉽게 드러내지 못한다. ☐

상대방이 자신에게 호의를 느낄지, 미움받지는 않을지 문득 걱정된다. ☐

상대방이 나를 좋아했으면 하는 마음이 강해서 취향을 억지로 맞추거나 재미없게 느끼지 않도록 떠든다. ☐

상대방의 반응이 별로면 내 이야기는 재미없다는 생각에 주눅이 든다. ☐

자신의 의견을 솔직히 말하면 따돌림을 당하지 않을까 하는 생각에 무슨 말을 해야 할지 고민할 때가 있다. ☐

하고 싶은 말을 하지 못해 스트레스가 쌓일 때가 있다. ☐

불안할 때는 땀을 흘리거나 초조해하며 나의 좋지 않은 면을 많이 드러낸다. ☐

친구와 웃고 떠들 때도
마음이 불편한 이유

어떤 자리에 있든 항상 신경이 곤두서 있기 때문에 친구와 함께 있어도 피곤함을 느낀다. 처음 만나는 상대방과 만나는 자리가 어려운 것은 이해하지만, 친구와 말해도 지쳐 버리는 것은 좀 이상하지 않은가? 다음과 같이 털어놓으며 상담하러 오는 학생도 있다.

"친구와 있으면 보통은 즐겁잖아요. 그런데 저는 즐겁다기보다 피곤해요. 제가 한 말이나 태도로 친구가 불쾌하지 않을까, 일일이 생각하는 탓에 지칩니다. 그래서 집에 돌아오면 한동안은 움직이지 못하고 쉬어야 해요. 왜 나는 친구와 말하는데도 이렇게나 기력을 소모할까? 이렇게 상대를 배려하는데 왜 친한 친구가 생기지 않을까? 역시 난 어딘가 이상한 게 아닐까? 최근에 이런 생각이 심해지는 데다가 친구와 어울리는 것도 더 어색해져서 어떻게 하면 좋을지 모르겠어요."

남의 눈치를 보는 자신이 싫어진 나머지 자신감이 점점 더 사라져서, 어떻게든 자신을 바꾸고 싶다는 사람도 있다. 하지만 앞에서 살펴봤듯 상대방의 반응에 일희일비하거나 상대방의 속마음이 알고 싶어 마음이 불편한 상황은 많든 적든 누구나 경험하는 일이며, 특별히 이상한 일은 아니다. 외향적이고, 다른 사람과의 교제를 즐기는 사람이라도 상대방의 반응은 신경 쓰이기 마련이다.

친구가 상처 입지 않도록 적절한 말을 고른다. 친구와 대화하다가 기분이 상한 것 같다고 느껴지면 만회할 만한 좋은 말을 덧붙인다. 친구가 재미없어 보이면 화제를 바꾼다. 침묵이 지속되면 거북해져서 다른 주제의 말을 꺼내 분위기를 부드럽게 만든다. 이 모든 노력은 남과 어울리는 데 필요한 배려이며, 결코 문제되는 감정이 아니다.

다만 그 정도가 심해서 다른 사람과 만나는 것 자체를 꺼리게 되는 상황은 본인을 위해 피하는 게 좋다. 상황에 꼭 맞는 말을 고르다가 결국 무슨 말을 해야 할지 알 수 없게 되거나 신경을 소모한 탓에 대인관계 자체가 두려워지는 상황을 방지하려면 대인불안이란 무엇인지 정의를 정확히 알고, 대인불안을 어떻게 하면 줄일 수 있는지를 아는 것이 중요하다.

분위기를 읽지 못하고 있다는 사실을 들키고 싶지 않은 마음

대인불안이 심한 사람에게 나타나는 경향은 무엇일까? 대표적인 특징 중 하나는 아주 친한 소수의 무리와 함께하는 상황이나 아예 모르는 사람이 많은 공간에서는 괜찮지만, 잘 모르는 상대가 여러 명이 있는 곳에서는 어색하다는 것이다. 사람이 많은 곳은 특히나 부담스러워서 즐거워야 할 술 모임조차 전혀 즐겁지 않다. 정도가 지나치지 않다면 특별히 이는 문제 되지 않는, 누구나 가진 심리라고 할 수 있다. 왜냐하면 사회생활을 하다 보면 상대방에 맞추려는 습성이 자연히 몸에 배기 때문이다. 상대방이 상처를 받을 만한 화제는 피하고, 될 수 있다면 상대방의 기대를 저버리고 싶지 않은 것이 당연하다.

사람에 따라 생각과 가치관이 다르다. 같은 내용이더라도 사람에 따라 콤플렉스를 느낄 수도 있고, 호불호가 나뉠 수 있다. 따라서 대화 상대가 여러 명일 경우 각각의 인물의 반응을 살피면서 자신의 말과 행동을 조정해야 하므로 매우 신경이 쓰인다. 상대방에 따라 다른 '나'를 설정하게 되니 '나는 다중 인격일까?', '겉과 속이 다른 인간이 아닐까?'라고 자책하기도 한다. 그러나 스스로를 일관성이 없는 사람, 불성실하고 요령만 부리는 사람이라고 생각하는 쪽이 오히려 성실하고 진실한 사람이다. 상대방에 따라 다른 내가 나타나는 것은 지극히 자연스러운 일이므로 별로 걱정하지 않아도 된다.

근대 '심리학'의 창시자로 불리는 윌리엄 제임스(William James)는 '사람은 자신을 알고 있는 사람의 수만큼 사회적 자아를 가진다'고 보았다. 동일 집단에 속한 사람들에게는 비슷한 이미지로 인식되므로, 인간은 소속한 집단의 개수

만큼의 사회적 자아를 가졌다고도 할 수 있다. '사회적 자아'란 쉽게 말하자면 타인이 기대하는 이미지다.

제임스의 지적처럼 우리는 소속된 집단에 따라 같은 인물이면서도 조금씩 다른 이미지를 갖는다. 집단마다 분위기가 다르고, 그만큼 표현하기 쉬운 자신도 달라지기 때문이다.

가족과 있을 때의 '나'와 학교에서 친구와 함께할 때의 '나'가 다른 사람이 매우 많을 것이다. 가족 앞에서는 누구보다 유쾌하면서도, 친구들과 있을 때는 조용하고 낯을 가리는 사람이 있다. 반대로 친구들과 있을 때는 쾌활한데, 집에서는 가족과 많은 대화를 나누지 않고 조용한 이들도 있다. 선생님 앞에서의 '나'와 친구 앞에서의 '나'가 다른 것도 지극히 평범한 일이다. 좋아하는 이성과 마주할 때의 '나'와 가장 친한 친구 앞에서의 '나' 역시 꽤 다르지 않은가?

필자는 '자아 개념의 장면 의존성'이라는 개념을 제창했다. '자아 개념'이란 쉽게 말해 자신의 이미지이다. 자아 개념에 따르면, 자신의 존재는 누구와 함께 있는 상황인가에 따라서 달라진다. 즉, 자아 개념은 현재의 상황이나 분위기에 의존한다. 그 때문에 자신의 모습 역시 당연히 상황에 따라서 달라질 수밖에 없다.

상황에 따라서 자신의 표현법을 바꾼다는 것은 바꿔 말하면, 상황에 따라 가장 잘 어울리는 나를 선택하고, 드러낸다는 의미이다. 일련의 과정이 불가능하면 각각의 상황에 적응하지 못한다. 결국 대인불안이란 어떤 상황에서 어울리지 않는 자신을 내보이지 않을까 하는 걱정 때문에 불안해지는 것이다. 늘 언제 어디서든 똑같이 행동해도 상관없다는 생각이라면 아무도 자신을 드러내는 법에 신경을 쓰지 않을 것이다.

TIP 사회적 자아

한 사람에게 타인이 기대하는 이미지. 사회적 자아는 집단의 성격이나 집단을 구성하는 사람에 따라 달라진다.

나는 왜 다른 사람에게 마음을 열기 힘들까?

자신이 경험한 것과 생각하는 것을 솔직하게 표현하는 행동을 '자기개시(自己開示)'라고 한다. 친구에게도 좀처럼 솔직하게 마음을 열지 못한다며 고민하는 사람이 늘고 있는 탓에 필자는 자기개시의 억제 요인에 대하여 조사 연구를 한 적이 있다. 자신의 마음을 솔직하게 밝히지 못하는 이유가 무엇인지에 대해 조사한 결과, 자기개시를 억제하는 심리적 요인 세 가지를 파악할 수 있었다.

자기개시를 억제하는 심리적 요인

❶ 현재의 관계 균형을 무너뜨리는 것에 대한 불안

❷ 깊이 있는 상호 이해에 대한 부정적 감정

❸ 상대의 반응에 대한 불안

'현재의 관계 균형을 무너뜨리는 것에 대한 불안'이란, 무거운 이야기나 상황에 맞지 않는 주제를 꺼내 현재의 즐거운 분위기를 깨뜨리고 싶지 않은 감정을 이야기한다. 서로의 이야기나 상황에 몰입하여 상처를 주거나 받는 것이 두려운 심리를 반영하기도 한다.

'깊이 있는 상호 이해에 대한 부정적 감정'이란 친구 사이라고 해도 감수성이나 가치관은 다르므로, 다른 사람을 이해하는 것에 대해 비관적인 심리를 반영한다. 내가 남의 마음이나 생각을 전부 알지 못하듯이 어차피 남들도 나를 이해해주지 못할 텐데 굳이 말해서 뭐하냐는 느낌이다.

'상대의 반응에 대한 불안'이란 자신의 속마음이나 의견을 말했을 때 그 의견이 부정적으로 여겨지는 게 싫은 심리를 반영한다. '그런 생각을 하다니 이상한 사람이네'까지 생각할 사람은 없다는 걸 알면서도, 조금이라도 자신의 이미지에 해가 되는 모험을 하느니 차라리 말하지 않겠다는 것이다.

이와 같은 생각 때문에 남들에게 솔직하게 마음을 열기 어렵다는 사람이 많다. 실제로 150명 정도의 대학생에게 평상시에 자주 만나는 친구에게 자기 생각을 얼마나 솔직하게 이야기하는지를 물었다. 그 결과, 대부분의 학생이 자신의 생각을 솔직하게 말하는 것이 어렵다고 대답했다.

이러한 현상이 안타깝기만 하다. 나뿐만 아니라 친구역시 내 기분을 거스르지 않으려는 마음에, 추상적인 대화만 나누는 중이라고 생각하면 어딘가 서글프다. 좀 더 솔직하게 이런저런 이야기를 나누고 싶어지지 않는가?

자기개시를 억제하는 요인과 대표 반응

자기개시를 억제하는 요인	대표적인 반응
❶ 현재의 관계 균형을 무너뜨리는 것에 대한 불안	- 이런 말을 하면 상대가 기분 나빠하지 않을까 싶어서 상대와 이야기 전에 머릿속으로 무슨 말을 꺼내면 좋을지 오래 궁리한다. - 의견이 다르면 애써 다져온 관계가 악화되는 건 아닐까 걱정되어 내 의견이 있어도 쉽게 말하지 못한다.
❷ 깊이 있는 상호 이해에 대한 부정적 감정	- 따돌림을 당하는 공포와 사람들이 나와 다른 사고나 정서를 가지고 있을지도 모른다는 생각 때문에 내 의견을 명확히 말하기 어렵다. - 친구에게 속마음을 털어놓으려고 해도 어차피 완벽히 이해해주지는 못할 것이므로 좀처럼 말하고 싶지 않다. 속마음을 말하려면 용기가 필요하다.
❸ 상대의 반응에 대한 불안	- 상대의 반응이 걱정되어서 개인적인 일이나 내면에 대해서는 말하지 못한다. 내 의견인데도 자신이 없어서, 상대방이 어이없어하지는 않을까 염려되고, 걱정된다.

남이 나를 어떻게 평가할지
늘 불안하다

대인불안의 심리 메커니즘을 검토한 베리 슐렝커와 마크 리어리는 '자신이 남들에게 어떻게 평가받는가'에 대한 불안을 대인불안의 핵심이라고 보고, 대인불안이 강해지는 메커니즘에 대하여 가설을 제기한다.

앞에서도 소개했듯, 대인불안은 '현실 또는 상상 속의 대인적 장면에서 타인에게 평가받거나 평가받는 것을 예상하여 생기는 불안'이라고 정의된다.

다시 말해 친숙하지 않은 누군가와 만남을 가질 때 자

신이 타인에게 어떻게 평가받을지에 대한 걱정, 또는 남 앞에 나서기 전 타인의 평가를 미리 상상하여 생기는 불안이다. 그리고 대인불안이 유발되는 이유를 '자아 연출'과 관련짓는다. 자아 연출이란 '타인에 대하여 특정한 인상을 주기 위해 자신의 정보를 조절하여 상대방에 드러내는 행위'이다. 자신이 다른 사람에게 인식되고 싶은 이미지에 맞추어 실제로 행동하는 것을 말하는데, 일종의 '이미지 조작'이다.

대인불안 유발 모형에서는 자신의 모습을 호감이 가도록 자아 연출을 하려는 욕구가 강할수록, 또 자아 연출이 잘될 확률이 낮을수록 대인불안은 강해진다. 이때 문제는 이 확률은 주관적인 기준으로, 객관적인 사실과는 크게 관련이 없다는 사실이다. 그렇다면 확률은 어떻게 정해지는 것일까?

대인불안을 자아 연출과 관련지어 살펴보면 대인불안이 심한 사람은 타인에게 잘 보이고 싶다는 생각이 강함에도 효과적으로 자아 연출을 할 수 없는 사람, 이른바 남들 눈에 비치는 모습을 자신이 원하는 방향으로 이끌 자신이 없는 사람이다. 여기에는 '평가불안'이 자리한다. 친구와 항상 같이 있어도 불안하여 견딜 수 없다. 나를 어떻게 생각하는지 시시때때로 걱정하게 된다. 상대로부터 어떻게 여겨질지 염려스럽다. 부정적으로 평가받는 것은 아닌지 불안해진다. 이것이 평가불안이다.

대인불안이 심하면 평가불안도 강해진다. 그래서 상대가 무심코 꺼낸 말이나 약간의 태도 변화도 부정적인 의미로 받아들여서 침울해지거나 당황한다. 상대의 반응을 무조건 부정적으로 오해해버리는 것이다. 실제로 어떻게 생각하고 있는지 모르는 상황에서도 상대가 이상하다고 여기지는 않는지, 상대에게 상처를 주는 것은 아닌지 걱정이 된다. 상대가 딱히 기분이 상했다고 표현한 것도 아닌데, 혼자서 실수했다고 믿어버린다.

상대방의 말에서 멋대로 짜증을 감지하거나 무심코 취한 태도에 무시나 냉대를 받았다고 믿기도 한다. 때때로 '나는 누구에게나 미움받아'처럼 일종의 피해망상적인 심리에 빠지기도 한다. 그런 심리에는 '적대적 귀인 편향'이 작용한다. 이는 타인의 말과 행동을 적의로 보는 인지 왜

곡이다. 타인이 어떤 태도를 취하는 이유가 자신에게 적의를 품고 있기 때문이며, 나를 싫어하기 때문이라고 간주하는 인지 경향의 왜곡을 뜻한다.

따라서 한 귀로 듣고 한 귀로 흘려도 되는 타인의 말과 행동에도 일일이 감정적으로 반응한다. 자신이 미움받는 게 확실하다고 생각한 나머지 기분도 쉽게 울적해진다. 상대방이 자신을 무시한다고 판단해버릴 때는 화가 치밀기도 한다.

그렇기 때문에 상대방에게는 어떤 악의도 없음에도 오해하고, 멋대로 우울해하거나 분노를 느끼는 것이다. 특히 자신감이 없는 사람은 불안이 심하여 타인의 작은 말과 행동에도 적대적 귀인 편향을 드러낸다. 그럴수록 점점 더 자신감을 잃고 대인관계에 소극적으로 변하는 악순환이 반복된다.

TIP 적대적 귀인 편향

타인의 말과 행동의 의미를 확실히 파악하지 못했을 때, 전부 적대적으로 받아들이는 인지 왜곡. 이는 공격적인 행동으로 이어질 확률이 높다.

주변의 눈치를 살피며
내 모습을 자꾸 바꾸게 된다

심리학자 마크 스나이더(Mark Snyder)는 자신의 감정 표출 행동과 자아 연출을 관찰하고 그것을 통제하는 능력에 개인차가 있음을 지적했다. 또한 그러한 개인차를 설명하고 판단하는 요인으로 '자기 모니터링(자기감찰능력)' 개념을 제기했다.

스나이더에 따르면 자기 모니터링이란 '자신의 감정 표출 행동과 자아 연출을 관찰하여 조정하는 능력'을 뜻한다. 즉, 자기 모니터링이란 이미지 관리 능력의 하나로, 마주하는 장면에 따라서 그때그때 어떤 행동이 가장 적당한 지를 헤아리고, 자신의 말과 행동을 조정하는 능력이다. 즉, 주변의 반응을 모니터링하는 것은 자신이 타인에게 제대로 인식될 수 있도록 자신의 말과 행동을 장소나 상대 방과의 관계에 맞게 조정하기 위해서이다. 적응을 위해 꼭 필요한 심리 기능이라고 할 수 있다.

자기 모니터링 경향이 강한 사람은 자신이 어떻게 평가 받는지와 자신의 행동이 적절한지에 대한 관심이 크다. 때 문에 자신의 말과 행동에 대한 상대방의 반응을 끊임없이 관찰하고, 상대방의 미묘한 감정 변화도 예민하게 파악해 자신의 행동을 조정하려고 한다.

반대로 자기 모니터링 경향이 약한 사람은 자신이 타인 에게 어떻게 보이는지, 자신의 말과 행동이 현재 상황에 부 합되는지에 큰 관심이 없다. 그래서 주변 분위기를 크게 살 피지 않고, 자신이 생각한 그대로 발언하거나 행동한다.

지금까지 살펴보았듯이 대인불안이 심한 사람은 상대 방의 반응을 유달리 신경 쓴다. 그것은 자기 모니터링이 예민하게 작동하고 있음을 의미한다. 그런 의미에서 대인불안은 자기 모니터링을 통해 상황에 적응하려는 심리 메커니즘이라고 간주할 수도 있다.

 다만 무엇이든지 정도의 문제가 있다. 대인불안이 심하면 자기 모니터링이 지나치게 심해져서 매우 답답한 생활을 하게 된다. 타인의 시선에 자신이 어떻게 보이는지 걱정된 나머지 머릿속 모니터 화면에 끊임없이 자신의 모습과 주변 사람들의 모습을 띄워놓고 곱씹어 보게 되기 때문이다. 마치 보이지 않는 감시 카메라를 의식하며, 무언가를 말할 때마다 자신의 말이나 행동이 적절했는지 계산하는 모양새다. 주변의 반응을 살피는 데 온 신경을 집중하기 때문에 쉽게 녹초가 되고, 몸도 피곤하다. 자신이 잘했다는 확신이 없으니 대인불안은 날이 갈수록 더욱 심해진다. 대인불안이 심해지면 자신의 말과 행동이 부적절하지는 않은지 감시하는 자기 모니터링도 한층 강화된다. 자기 모니터링과 대인불안이 상호 작용에 의해 점점 더 강해지며 악순환되는 것이다.

 그와 달리 대인불안이 적으면 상대방의 반응을 전혀 신경 쓰지 않는다. 분위기에 맞지 않는 말과 행동을 해도 아무릎지 않으며, 심지어 자신이 상대방을 불쾌하게 하고 상처를 입힌다는 사실조차 인식하지 못한다. 상대방이 기분 나쁘다는 신호를 보내도 알아차리지 못하는 둔감한 유형은 본인의 마음은 편할지 몰라도, 결코 사회에 잘 적응했다고는 할 수 없다.

이처럼 대인불안과 연관된 자기 모니터링 경향은 타인의 말과 행동의 의미를 해석하는 능력(해독 능력)과 자신의 말과 행동을 조정하는 능력(자기 통제 능력)의 두 측면에서 파악할 수 있다. 즉, 자기 모니터링이란 타인의 반응을 살피면서 자신의 말과 행동이 적당한가를 판단하는 능력과 적절한 언동을 취하기 위해 자신의 말과 행동을 상황에 맞춘 방향으로 조정하는 능력으로 구성된다.

심리학자 리처드 레녹스(Richard D. Lennox)와 레이몬드 울프(Raymond N. Wolfe)는 타인의 표출 행동으로의 감수성과 자아 연출 수정 능력이라는 두 가지 원인을 측정해 자기 모니터링 척도를 작성했다. 이것이 어떤 심리 경향을 나타내는지 알 수 있는 몇 가지의 측정 항목을 제시한다(레녹스–울프의 척도 항목에서 일부 발췌).

'타인의 표출 행동에 대한 감수성' 요인의 주요 측정 항목

- 자신이 부적절한 말을 했는지에 대해서 상대방의 눈을 보면 대강 알아차릴 수 있다.

- 타인의 감정이나 의도를 읽어낼 때 직관이 잘 맞는 편이다.

- 누군가가 거짓말하는 것을 그 사람의 행동으로 쉽게 간파할 수 있다.

- 이야기를 하는 동안 상대방의 약간의 표정 변화에도 예민하게 반응한다.

'자아 연출의 수정 능력' 요인의 주요 측정 항목

- 어떤 상황에서 타인으로부터 자신이 어떻게 행동하기를 바라는지를 알게 되면 그에 상응하도록 행동을 조정하는 것은 쉬운 일이다.

- 어떤 상황에 놓여도 그 상황에서 요구되는 조건에 맞춰 행동할 수 있다.

- 여러 사람이나 다양한 상황에 맞춰 행동을 쉽게 바꿀 수 있다.

- 상대에게 어떤 인상을 남기고 싶은지에 따라서 어울리는 법을 잘 조정할 수 있다.

대인불안이 심한 사람이 상대방의 반응을 끊임없이 살펴며 전전긍긍하는 것치고는 자아 연출을 수정하는 능력이 낮은 경우도 있기 때문에 분위기 파악을 잘못하는 실수를 하기도 한다. 하지만 실수는 누구나 한다. 보통 사람들이라면 쉽게 잊고 넘어갈 일도, '너무 까불었나?', '말이 좀 지나쳤어', '혼자만 분위기를 못 맞췄네'라고 지나치게 반성한다. 다른 사람의 마음을 상하게 한 경험이 있기 때문에 같은 실수는 하지 않겠다며 더욱 긴장하기도 한다.

자기 모니터링이 잘 기능하고, 타인의 마음을 섬세하게 파악하며, 자신의 말과 행동을 조정해 대인관계를 잘 유지하는 사람도 상대방의 심리 변화에 주의를 기울이는 것에 피곤을 느낀다.

더구나 대면 교제는 잘하면서도 SNS에는 서툰 사람도 많다. 상대의 표정과 말투, 목소리와 얼굴빛을 직접 볼 수 없는 탓에 반응을 확실히 알 수 없기 때문이다. 대기 상태인 자기 모니터링 능력을 발휘하지 못하므로, 자신의 말과 행동을 어떻게 조정하면 좋을지도 판단이 서지 않는다. 따라서 메시지를 송신한 후에도 나의 의도가 정확히 전달

되었을지 걱정되어 상대방의 답이 오기 전까지 걱정하게 된다. SNS에 의한 오해나 실수가 많은 까닭은 이렇듯 자기 모니터링이 잘 기능하기 어려운 미디어라는 속사정이 숨어 있다.

● 자기 모니터링 능력이란? ●

상대방의 표정을 보면서
자신이 실수했는지 아닌지를
쉽게 알아차린다.

타인의 감정이나
의도를 직관적으로 읽어낸다.

상대에게 어떤 인상을
남기고 싶은지에 따라서
자신을 잘 연출한다.

어떤 상황에 놓여도
요구되는 조건에
맞춰 행동할 수 있다.

상대방의 거짓말을
잘 간파한다.

이야기를 나누는 상대방의
약간의 표정 변화에도
예민하다.

당신이 남들의 시선에
불안해지는 이유

대인불안은 누구나 느낄 수 있는 심리 경향이다. 그와 비슷하지만 더 병적인 증상으로는 '대인공포증'이 있다. 대인공포증이란 '공공장소나 사회적인 상황에서 매우 강한 불안과 긴장이 생겨서 행동이 어려워지고, 다른 사람에게 이상한 사람으로 여겨지지 않을까 지나치게 두려워한 나머지 대인관계를 회피하려는 신경증'이다.

대인공포 중에서도 '시선 공포'는 '다른 사람의 시선에 영향을 받아 대인관계에 지장을 줄 정도로 안절부절못하는 증상'을 뜻한다. 대화하면서 시선을 맞춰야 신뢰감을 쌓는다는 것을 알고 있음에도, 상대의 얼굴이나 눈을 똑바로 쳐다보지 못해 고민하는 것이 시선 공포를 앓는 사람의 전형적인 증상이다. 상대의 눈을 똑바로 바라보지 못하기 때문에 자신감이 없어지고, 어딘가 수상한 사람으로 오해를 받지는 않을까 걱정되어 대인관계가 점점 힘들어진다.

자신의 시선이 염려되어 견딜 수 없어 하는 형태의 증상도 있다. 예를 들면 남과 대화하다가 갑자기 자신의 눈빛이 너무 공격적이거나 자신감이 없어 보여서 오해받을지도 모른다는 생각에 사람과의 대화가 어렵게 느껴진다.

물론 약간의 시선 공포를 느끼는 것이 꼭 나쁜 것이라고만 할 수 없다. 다른 사람의 시선을 신경 쓴다는 것은 상대를 배려하는 마음이 있다는 증거이기도 하기 때문이다. 타인의 기분이 어떻든 괜찮다고 생각하면 '시선'을 의식하지 않고 마음 내키는 대로 행동할 수 있다. 시선 공포에 고민할 필요도 없다. 시선을 곧 '상대에 대한 배려'라고 생각하면, 이기적인 생각에도 제동이 걸린다. 다른 사람을 바라보는 나의 시선을, 혹은 나를 바라보는 타인의 시선을 어떻게 의식하고 있는지 떠올려보자. 내가 다른 사람의 시선을 신경 쓰는 이유는 무엇인가?

상대와의 관계에 따라
내 말투도 결정된다

3장에서는 대인불안이란 무엇인가에 대해 정의를 내리고 살펴보았다. 쭉 살펴본 것처럼 대인불안은 생각보다 더 많은 사람이 품고 있는 심리이다. 이 심리는 언어에서도 찾아볼 수 있다.

우리는 상대와의 관계에 따라 어투나 단어를 결정한다. 따라서 상대와의 관계성이 모호하면 어떤 말투를 써야 할지 감이 오지 않는다. 그러한 언어를 일상적으로 사용하기 때문에 상대의 상황을 엿보고, 상대의 기분에 신경을 쓰는 경향이 큰 것이다.

언어 중에는 주어의 형태가 변하지 않는 종류가 있다. 예를 들어 영어의 'I'는 일반적으로 '나'라고 번역한다. 영어를 처음 배울 때 그렇게 배우기 때문에 'I'는 '나'인 것을 당연하게 생각한다. 그러나 심리학적으로 보면 'I'와 '나'는 전혀 다른 성질을 가지고 있다. 그 차이는 'I'와 '나'라는 단어의 사용법에 극단적으로 나타난다.

영어의 'I'는 어떤 문맥에 두어도 'I'이다. 친구와 술을 마시며 떠들 때도 'I', 가족과의 단란한 모임에서도 'I', 직장에서도 'I', 거래처 사람과 대화할 때도 'I'이다. 어디에서든 'I'는 'I'이고 그 형태를 바꾸지 않는다.

이와는 반대로 자신을 뜻하는 '나'라는 단어가 상황이나 문맥에 따라 모양을 바꾸는 언어도 있다. 친구와 만날 때는 '나'이고, 직장에서 상사와 이야기할 때는 '저'가 되며, 거래처와 이야기를 할 때는 '저희'나 자신의 회사를 낮춰부르는 '폐사'가 된다. 문맥에 의해 자유자재로 모습을 바꾸는 것이다.

누구와 대화하든 자신을 뜻하는 단어가 변하지 않는 언

어와 비교하면, 후자의 '나'는 변화무쌍하다. 그 때문에 상대와의 관계성이 명확하지 않으면 자신의 역할 역시 정해지지 않는다는 불안감이 생긴다.

언어들이 훌륭한 대조를 보이는 것처럼, 서양인과 동양인은 사고방식에서도 많은 차이를 보인다. 마치 어떤 장소에서든지 자신의 의견이나 요구를 당당하게 주장하는 서양인과 끊임없이 상대의 반응을 살펴 표현법을 정하는 동양인의 차이를 보는 것 같다. 사람과 교제할 때의 마음가짐 차이가 언어에서도 극단적으로 나타나는 것이다. 이처럼 마음가짐의 차이와 말투의 차이에 관심을 가지면 우리의 마음가짐 역시 언어에 의해 만들어짐을 알 수 있다.

'I'와 마찬가지로 대화의 상대방을 뜻하는 'You'도 무심코 번역하면 어딘가 부자연스러운 느낌이 든다. 예를 들어 한국어로 말할 때 "너는 나에 대해서 어떻게 생각해?"보다는 "나를 어떻게 생각해?"라고 말하는 편이 자연스럽다. 앞에 있는 상대에게 고백할 때도 "나는 너를 좋아해"보다는 "좋아해"가 자연스럽다. 말하고 있는 'I'와 듣는 'You'가 동시에 존재하는 상황이므로, 주어와 목적어를 생략해도 의미가 통하는 것이다.

"나는 그거 이상하다고 생각해"라고 단언하면 어쩐지 상대와 멀어지는 듯한 느낌이 들기 때문에 "어쩐지 좀 이상한데"처럼 감정을 담은 말로 표현한다. "나는 이렇게 생각하는데, 너는 어때?"라고 말하는 대신 "이렇게 생각해도 괜찮을까?"라고 말하며 공감을 유도한다. "나는 이 경치에 감동했어"라고 말하지 않고, "감동적인 경치 같아"라고 말한다. 이는 상대와 자신을 확실히 분리하지 않으려는 감수성에 의한 것이다.

끊임없이 상대의 관점을 의식하고, 상대의 생각이나 사고를 상상하며, 생각이나 사고를 주어 없이 말해도 서로 이해하는 문화에서는 대화에 1인칭 대명사도, 2인칭 대명사도 필요 없다. 주객이 화합한 심리 상태에서 흐르듯이 대화를 이어갈 수 있는 것이다.

● 동양인과 서양인의 다른 화법 ●

좋아해!

나는 너를 좋아해.

좀 별로 같은데….

나는 그거 별로야.

영화 보러 가는 건
어떨까?

나는 너랑
영화 보러 가고 싶어.

경치가 감동적인 것 같아.

나 이 경치에
감동했어!

이 옷 나한테 좀
안 어울리는 것 같아.

나는 이 디자인 싫어.
너는 어때?

이것 좀 먹어볼래?

너 이것 좀
먹어볼래?

4장

당신이 타인의 시선을
신경 쓰는 이유

'타인의 시선'에서 자유로워진다면 얼마나 편할까?

지금까지 살펴보았듯이 모르는 사람과 관계를 맺다 보면 누구나 '시선'에 민감해진다. 몇 번이나 말했듯, 처음 만나는 상대나 잘 모르는 상대에게 신경을 쓰는 것은 당연하지만 친구와의 어울릴 때조차 그러한 것이 이상하게 느껴질지도 모른다. 하지만 많은 사람이 무언가 말하려 할 때마다 '이런 말을 하면 언짢아하지 않을까?', '상대가 어떤 반응을 기대하고 있을까'라며 걱정한다. 무언가를 말한 후에도 어떻게 생각할지, 기분을 상하게 한 건 아닐지, 기대에 부응했는지에 대해 염려한다. 즐겁게 잡담을 하고 있을 때도 '정말로 즐거운 것일까?', '대화를 끝내고 싶지는 않을까?'라고 걱정한다. 점점 친밀해지는 것은 기쁘지만 '어디까지 나를 드러내는 게 좋을까?', '한심한 인간이라고 생각하지는 않겠지?', '나중에 나에게 질려 떠나지 않을까?'라고 지나치게 걱정한다.

학생들에게 언제부터 '시선'을 신경 쓰게 됐는지를 물으면, 중학생 무렵부터라는 대답이 가장 많다. 그것은 인지 능력의 발달에 따라 자의식이 높아지고, 자신이 남들에게 어떻게 보이는가를 걱정하게 되는 것이 사춘기의 특징이기 때문이다.

인간은 '타인의 시선'을 통하여 자기 자신을 응시하고 확인한다. 따라서 다른 사람이 자신을 보는 '시선'이 걱정되어 견딜 수 없다. 친구와 담소를 나누고 있어도 자신이 어떻게 평가받을지를 무의식중에 걱정하다 보니, 얼굴은 웃고 있어도 마음이 온전히 즐겁지만은 않다. 마치 줄타기를 하는 듯 아슬아슬한 감정이다. 특히 무심코 나를 드러냈다가 상대에게 거부당했던 경험이 있는 경우는 매우 어색해지기도 한다. 친구와 능숙하게 교제를 하는 것처럼 보이는 경우에도 마음속에서는 비슷한 갈등이 소용돌이친다.

중학생 때, 반에서 인기가 많았던 아이가 있었다. 나중에 이야기를 나눠보니 친구들에게 아이돌 같은 존재로 부러움을 사던 그 아이도 사실은 진짜 자신을 드러내지 못하고, 필사적으로 밝고 상냥한 연기를 했기 때문에 대단히 힘들었다고 한다. 중학생이나 고등학생 때는 자신의 가치가 누구와 같이 다니는지에 따라 결정된다고 생각하기도 한다. 따라서 딱히 좋아하지는 않는데도 반에서 리더인 아이와 필사적으로 사이좋게 지내려는 학생도 있다. 그 덕분에 학창 시절을 무난하게 보낼 수 있을지도 모르지만, 나중에 당시의 기억을 떠올리면 무의미한 친구 교제에 애써 매달렸던 느낌이 들어서 허무해질 수도 있다.

있는 그대로의 생각을 솔직하게 말하고, 누구와도 바로 허물없이 대하는 사람을 부러워하는가? 부럽다고 생각하는 것은 자신이 그와 전혀 다른 유형이라는 증거라고 할 수 있다. 그런 자신을 바꾸고 싶은 생각이 들어도 그리 간단한 일은 아니다. '이런 말을 해도 괜찮을까?', '어디까지 나를 보이면 좋을까?'라며 자신의 고민을 털어놓아도, "그 정도로 걱정하지 않아도 돼"라는 답변을 듣는다. 그만큼 큰 고민거리가 아니라는 사실은 스스로도 잘 알고 있지만, 다짐만으로 신경을 쓰지 않을 수 있다면 아무도 괴로워하지는 않을 것이다. 하지만 아무래도 걱정이 되기 때문에 자유롭게 행동하지 못하고, 괴로워지는 것이다.

친구가 나를 생각해서 말해주었다는 것은 알고 있지만, 마음속에서 반감까지 생기는 경우도 있다. 마음속으로는 '알고 있지만 못하는 거라고!', '너무 잘난척하는 거 아냐?'라는 생각만 하게 된다. 어째서 반발하게 되는 걸까? 단순히 유능한 사람에 대한 질투일까? 단지 그뿐만은 아니다. 시선에서 자유롭고 싶다는 생각에는 시선을 신경 쓰지 않고, 하고 싶은 말을 하는 사람에 대한 부정적인 감정도 존재하기 때문이다.

자기 모니터링이 불가능한 사람은
주위 사람을 난처하게 한다

시선을 지나치게 신경 써서 자유롭게 행동하지 못하는 사람은 자기 모니터링 능력이 떨어진다고 할 수 있다. 한편 시선을 완전히 신경 쓰지 않는 사람 역시 자기 모니터링이 잘 기능하지 않는다. 결과적으로 시선을 지나치게 신경 쓰는 사람이든, 반대로 전혀 신경 쓰지 않는 사람이든 마찬가지로 자신을 객관적으로 보려고 하지 않는다. 또한 자기 모니터링이 잘 기능하지 않는다고 해도 시선을 신경 쓰는 사람과 신경 쓰지 않는 사람의 방향성은 정반대라고 할 수 있다.

분위기를 전혀 읽지 못하고 무슨 이야기든 생각한 대로 바로 내뱉는 사람들이 있다. 누군가 상처받을까 봐 주위 사람들이 당황하는 데도 아랑곳하지 않고 이야기를 계속한다. 누군가 화제를 바꿔도 다시 그 전의 화제로 돌아가려 한다. 심지어 어찌할 도리가 없어서 누군가가 직접적으로 그런 말은 그만 하자고 주의를 시켜도 "아니, 왜? 어째서 말하면 안 돼?"라고 말하는 등 전혀 분위기를 파악하지 못한다. 좋은 말로 천진난만이라고 표현할 수 있을지 모르지만, 남의 기분을 전혀 배려하지 않는 제멋대로인 행동이다. 주위 사람들은 불편해질 수 밖에 없다.

누군가를 상처 입히는 말은 아닐지라도 다른 사람이 그다지 듣고 싶지 않은 말도 있다. 예를 들어 전철에서 개인 정보는 그다지 알리고 싶지 않은 게 보통이다. 특히 스마트폰이 있다면 바로 정보를 검색할 수 있는 시대이다. 무심코 개인 정보나 개인의 사정을 이야기하는 것은 위험할 뿐만 아니라 듣는 입장에서도 별로 달갑지 않다. 그런데도 아무렇지도 않게 자신들의 이름이나 학교명, 부모의 직업, 주소, 가장 가까운 역 등 개인 정보를 크게 떠드는 사람이 있다. 대화하는 상대가 거북하여 화제를 돌리거나 시치미를 떼면 "아니야? 이사했어?"라고 굳이 확인하기도 한다. 이처럼 주위의 반응을 살피면서 자신의 말과 행동의 적절성을 확인하려는 자세가 전혀 없는 사람은 주위로부터 따가운 시선을 받는다.

주위의 반응을 걱정하는 유형은 스스로 곤혹스럽고, 자유롭게 행동하지 못하는 것이 괴로울 뿐이다. 그러나 주위의 반응을 전혀 신경 쓰지 않는 유형 역시 본인은 마음이 편할지 몰라도 주위를 곤혹스럽게 하므로 결코 바람직하다고 말하기 어렵다.

서로 의존하는 것은
서툴거나 미숙하다는 뜻이 아니다

타인의 의향이나 기대에 신경을 쓰는 심법(心法)은 자주성이 없다거나 '나'라는 개성이 보이지 않는다면서 비판을 받기도 한다. 그러나 이는 서양인의 인간관에 근거한 발상에 불과하다.

심리학자 아즈마 히로시(東洋)는 『일본인의 예의범절과 교육—발달의 일본과 미국의 비교를 바탕으로』를 통해 타인 지향성을 미숙함으로 간주하는 것은 서양적인 시각이며 타인과의 인연을 소중히 하는 것도 하나의 발달 방향성으로 봐야 한다고 주장한다.

(…) 우리 중에 어쩌면 서양인보다도 훨씬 강한 역할 사회성이나 타인 지향성을 아시아를 탈피하여 서양을 본받는 근대화로 받아들였던 겉모습의 필터를 벗겨내고 인식할 필요가 있다. 예를 들어 일본인의 '타인 지향성'은 자아의 미발달과 겉과 속의 일체를 완성하는 것이라고 볼 수도 있다. 그렇지만 타인에게 단절된 쪽의 성숙도가 높게 보이는 이유는 개척 사회적인 가치관의 관점이 아닐까? 자아가 자기 완결적으로 되어가는 것도 하나의 발달의 방향이지만, 타인과의 인연이 강해져서 그것을 받아들이는 것 역시 하나의 발달 방향으로 가치관으로, 어느 쪽이 더 낫다고는 할 수 없다.

또 심리학자 하젤 마커스(Hazel R. Markus)와 기타야마 시노부(北山忍)도 '문화적 자기관(Cultural Construal of Self)'에 대해 언급한다. 예를 들어 자신의 특징을 말하라고 하면, 대부분의 서양인은 적극적인 성격이라거나 다양한 스포츠를 좋아한다는 등 자신의 특징을 이야기한다. 그에 반해 동양인은 어떤 회사나 학교에 다닌다거나 누구의 자녀라는 식으로 사회적 소속, 지위 등 사람과의 관계로 자신을 표현하는 경우가 많다.

그러한 결과를 바탕으로, 하젤과 기타야마는 서양 문화에서는 개개인의 인간이 본질적으로 따로따로 떨어져 존재한다는 믿음이 있기 때문에, 누구나 타인에게 독립하여 자기 고유의 특성을 발휘하도록 요구된다고 보았다. 반면 비서구 문화권에서는 자신을 주변의 일부로 간주하며, 관계된 타인의 사고, 감정, 행위를 어떻게 지각하는가에 따라서 행동이 결정된다고 말한다. 독립성이 있다 하더라도, 자신이 어떤 대인관계 속에 위치하는지까지 포함한 상태의 독자성이라는 주장이다.

하젤과 기타야마는 이렇듯 극단적으로 표출되는 서양과 동양 인간관의 차이를 바탕으로 '독립된 자아'와 '상호 의존적 자아(상호 협동적이라고 번역하는 경우도 있다)'를 비교했다.

독립된 자아를 중시하는 문화에서는 개인의 자아를 타인이나 상황이라는 사회적 문맥과 분리해, 영향을 받지 않는 독자적인 존재로 본다. 또한 독립된 자아에서는 개인의 행동을 자신의 내적인 조건에 의해서 결정된다고 본다. 그에 반하여 상호 의존적 자아를 중시하는 문화에서는 개인의 자아가 타인이나 상황이라는 사회적 문맥과 강하게 연결되어 있고, 그 영향을 강하게 받는다고 본다. 동시에 개인의 행동 역시 타인과의 관계성이나 주변의 상황에 따라서 결정된다고 해석한다.

또한 독립된 자아를 중시하는 문화에서는 자신의 내적인 능력을 개발하고 납득할 만한 성과를 내는 것이 자존심과 결부된다. **그에 반해 상호 의존적 자아를 중시하는 문화에서는 관련이 있는 타인과 좋은 관계를 구축하여 사회적으로 존경받는 것이 자존심과 가장 크게 결부된다.**

이처럼 서양적인 독립된 자아를 바탕으로 자아를 형성해온 사람들과 동양적인 상호 의존적 자아를 바탕으로 자아를 형성해온 사람들은 자아의 본질이 대조적이라고 해도 좋을 만큼 다를 수밖에 없다.

'인간'은 '사람과 사람 사이'에서 살아간다

　타인의 시선을 살핀다는 것을 '남의 눈치를 보는'이라고 쓰면 부정적인 의미가 되지만, '다른 사람을 배려할 수 있는'이라고 여기면 긍정적인 의미가 된다. 서양에서는 시선에 영향을 받아서 하고 싶은 말을 하지 못하는 것을 개인으로서 독립하지 않았다는 의미로 여기며 부정적으로 평가한다. 그러나 동양에서는 시선을 신경 쓰지 않고 말하는 사람 쪽을 다른 사람을 배려하지 않는 이로 간주해 부정적으로 평가한다. 이렇게 생각하면 시선을 신경 쓰는 행동은 고쳐야 할 단점이 아니라 오히려 사회생활에 꼭 필요한 장점이다. 어째서일까? 여기서 살펴보고 싶은 것이 있는데, 바로 '사람과 사람 사이'를 살아간다는 말이 지닌 의미다.

필자는 『'나다움'이란 무엇일까?』라는 책에서 '사람'을 왜 '인간'이라고 부르는가에 대한 철학자 와츠지 테츠로(和辻哲郎)의 의견을 소개했다. 여기에 그 일부를 간단히 소개한다.

그는 '인간(人間)'이란 단어가 사람(人)이라는 의미로 사용된 것에 주목했다. 사람 인(人)에 일부러 사이 간(間)을 붙여서 만든 인간 즉, '사람의 사이(人間)'라는 단어가 왜 다시 '사람'의 의미로 사용되는 것일까? 와츠지는 '인간'이라는 개념에 대하여 다음과 같이 언급한다.

인간이라는 단어는 간단히 '사람의 사이'만을 뜻하는 것이 아니라 자신(自), 타인(他), 세상 사람들(世人)이 존재하는 공간에서의 사이이다.

이 말을 곰곰이 생각하면 인간은 사람 사이의 관계에 근거한다는 것을 알 수 있다. 대인관계가 한정됨으로써 자신을 정의할 수 있고, 타인이라는 비교대상이 생긴다.

사람은 세상에 대하여 사람이고, 세상의 전체성은 사람에 대해 나타나기 때문에 다시 인간이라고 불리는 것이다.

이렇게 생각하면 자신도, 상대도 처음부터 존재하는 것이 아니라 구체적인 대인관계 속에서 형태가 결정된다는 것을 알 수 있다. 즉, 모든 사람은 '개인'으로 존재하는 것이 아니라, 사람과 사람의 사이를 살아가는 것이다. 때문에 '사람(人)'='인간(人間)'='사람과의 사이'='관계(間柄)'라는 공식이 성립된다.

필자가 사람들의 시선을 신경 쓰는 이유를 '관계의 문화'에 있다고 특징지은 이유도 거기에 있다. **'개인'으로서가 아니라 상대의 마음 변화를 끊임없이 살펴가면서 '관계'를 지으며 살아가기 때문이다.**

상대에 따라
내 모습이 결정된다

'알고 지내다 보니 첫인상과 다르다'는 말을 들어본 사람이 많을 것이다. 친해질수록 솔직한 자신을 드러내기 쉬워지기 때문이다. 그러나 첫 만남이 아니라 꽤 친해진 상대일지라도, 관계성에 따라 다른 모습이 드러나기도 한다. 예를 들어 고등학생 때 친구 앞에서의 '나'와 대학 친구 앞에서의 '나'가 다른 것은 흔한 일이다. 아르바이트하는 곳에서의 '나'와 가족과 있을 때의 '나'가 완전히 다른 모습을 보이는 것도 보통이다. 부모 앞에서의 '나'와 친한 친구 앞에서의 '나' 역시 꽤 다르다. 그렇다면 도대체 어느쪽이 진정한 나일까? 반 친구들과 있을 때의 나, 회사에서의 나, 가족과 있을 때의 나, 아르바이트하는 곳에서의 나. 각각의 상황에서 솔직한 자신을 드러내려고 하지만 조금씩 달라지는 것 자체가 이상하다고 느끼는 사람도 있다. 하지만 상황마다 다른 모습이 정말 이상한 걸까?

3장에서 분위기를 읽지 못하는 나를 들킨 것 같다는 불안을 언급하며 '자아 개념의 장면 의존성'이라는 사고 방법을 소개했다. 이것은 한마디로 **자신의 이미지가 장면에 따라 바뀌는 것이 당연하다는 개념이다.** 조금 더 설명하면 장면에 따라 드러내기 쉬운 자신이 다르며, '나'는 각각의 장면에서 상대와의 관계성에 의해 드러난다는 뜻이다.

관계 속에서 살아가는 우리는 어디서나 늘 같은 자신을 내세우는 대신 상대의 반응을 살피면서 어떻게 해야 할까를 결정하게 된다. 결국, 우리들 자신은 상대에 따라 결정된다고 말해도 좋다. 잘 모르는 상대라면 어떤 자신을 드러내는 게 좋을지 판단하는 게 어렵다. 그러면 긴장하여 상대방과 서먹해지기 쉽고, 처음 만나는 상대가 더 어렵게 느껴지는 것이다.

새로운 사람과의 만남으로 지금까지 알지 못했던 새로운 자신과 만났다거나 우정이나 연애처럼 깊은 관계를 통해 또 하나의 '나'가 생겼다고도 한다. 그러나 모든 '나'는 바로 자신 속에 이미 존재하는 모습이다. 여러 모습의 '나'가 상대에 의해 드러나고, 밝혀지는 것일 뿐이다.

● 자아 개념의 장면 의존성 ●

회사에서의 나

아르바이트하는
곳에서의 나

학교에서의 나

부모님 앞에서의 나

친한 친구와
함께할 때의 나

처음 본 사람
앞에서의 나

진짜 나는   누구일까?

나

대인불안이 있는 사람이
오히려 남들과 잘 지낸다

'불안'과 '부정적인 기분'이 대인관계를 양호하게 유지하는 역할이라고 하면 바로 수긍하지는 못하겠지만 이는 실제 심리학 실험으로도 증명된 사실이다. 이러한 종류의 연구로 우리는 불안할 때의 진중함이 상대에 대한 배려로 나타나 대인관계할 때의 장점이 될 수 있으며, 반대로 긍정적인 기분은 상대적으로 타인에게 무관심하거나 배려하지 않는 방식과 연결되기 쉽다는 점을 알 수 있다. 이렇게 바꿔 말하면 '과연 그렇구나!'라고 수긍할 것이다.

심리학자인 조셉 포가스(Joseph P. Forgas)는 불안할 때의 부정적인 기분이 오히려 대인관계상에 좋은 결과를 가져오는 경우가 많다는 사실을 실험으로 증명했다. 즉, 부정적인 기분을 지닌 사람이 긍정적인 기분의 사람보다 다른 사람을 주의 깊게 배려하고, 예의 바르게 대한다는 것이다.

예를 들어 무언가를 부탁할 때는 상대의 기분을 배려하여 정중하게 말할 필요가 있다. 그럴 때 걱정이 많고 불안이 심한 쪽이 그렇지 않은 사람보다 조심스럽고, 예의를 갖추어 요청하는 편이라는 것을 알아냈다. 그와 달리 늘 긍정적인 편인 사람은 자기 중심적인 의뢰를 하는 경향을 보인다고 한다. 그는 회사에서 옆 사무실에 파일을 가지러 갈 때 어떤 식으로 부탁하는지를 살펴보는 실험을 했는데, 긍정적이고 기분을 잘 표현하는 사람보다 감정을 자제하는 사람이 정중하고 세련된 요청을 했으며, 그중에서도 부정적인 기분을 자주 느끼는 특성을 가진 사람이 가장 정중하고 세련되게 요청했다는 사실을 밝혀냈다.

이와 같은 실험을 통해 부정적인 기분일 때는 진중해지고, 상대에게 언짢은 느낌을 주지 않도록 자신의 말투를 조정하므로 대인불안을 쉽게 느낀다는 것을 알 수 있다. 게다가 대인불안이 의외로 상대의 기분에 대한 공감 능력과 관계된다는 것도 발견했다.

심리학자인 치비=엘 하나니 팀은 대인불안과 공감 능력의 관계를 검토하는 조사와 실험을 실시했다. 그 결과, 대인불안이 약한 사람보다 강한 사람이 타인의 기분에 대한 공감 능력이 높고, 상대의 표정에서 내면의 기분까지 미루어 헤아리는 능력도 높다는 것이 증명되었다. 이처럼 **불안함이 크다는 말은 '조심스럽다'라는 단어와 일맥상통한다.** 대인 상황에서는 상대의 심리 상태에 조심스럽게 주의를 기울이는 심리 경향과 연결된다. 그 결과, 상대의 기분을 배려한 적절한 대응이 가능한 것이다.

그와 달리 불안이 적으면 조심성이 줄어들고, 대면 장면에서도 상대의 심리 상태보다는 자신의 형편에 일방적으로 맞추려 하기 쉽다.

예를 들어 대인불안이 강한 사람은 다른 사람에게 무언가를 이야기할 때 '이런 말투라면 괜찮을까?', '이런 말을 하면 기분 나빠할지도 몰라', '강요하는 듯한 말투로 말해선 안 돼', '자칫하면 오해할 수도 있으니 말투에 신경을 써야지'라고 생각하며 단어를 신중하게 선택하고, 말투에도 각별히 신경을 쓴다. 반면 대인불안이 없는 사람은 상대가 어떻게 받아들일까, 상대가 어떤 기분일까 등에 크게 신경을 쓰지 않는다. 무신경한 말을 예사로 하므로 상대를 불쾌하게 하거나 상처를 입히는 등 대인관계를 악화시키기도 한다.

이렇게 보면 대인불안이 강한 것도 나쁜 점만 있지는 않다. 대인불안 덕분에 상대를 배려할 수 있고, 남과 잘 지낼 수 있다는 점도 간과할 수 없는 사실이다.

이야기를 수용적으로 듣는 문화는 나쁜 걸까?

관계를 중요시하는 문화에서는 남과 이야기를 할 때, 상대의 말에서 잘못된 정보를 발견했어도 그 부분이 틀렸다고 바로 반론하지 않고 우선 고개를 끄덕이면서 듣는 게 보통이다. 서양인과의 교류에서는 그런 자세가 오해를 부른다.

심리학자 아즈마 히로시는 동양과 서양을 비교 연구하는 과정에서, 동양인 연구자의 태도 때문에 서양인 연구자가 오해한 에피소드를 소개했다. '이미 합의한 사안임에도 불구하고 나중에 딴소리를 한다'면서, 연구 중 서양인 측에서 짜증을 내는 일이 종종 있었다는 것이다.

동양인들은 의논할 때에 상대의 주장에 즉각 반대하는 행동을 무례하다고 여기는 특성이 있다. 납득이 되지 않아도 고개를 끄덕이며 상대의 주장을 끝까지 듣고 나서야 상대의 주장을 전부 부정하지는 않는다는 전제를 깐 후 반대 제안을 해야 한다는 생각이다. 그런데 서양 측에서는 하나의 주장이 제기되고, 그 상황에서 바로 반론하지 않으면 동의를 얻은 것으로 여긴다. 그러한 사고 습관의 차이가 있기에 서로를 파악하게 될 때까지는 몇 번의 트러블이 생긴 것이다.

아즈마 히로시는 이러한 트러블에 심리학적인 이유가 있을지 모른다고 생각했다. 그는 **'서양인들은 머릿속에 자기 생각으로 가득 채우고 듣지만, 동양인은 비어 있는 공간을 만들어 두고 듣는다'**고 소개했다. 즉, 서양 사람은 남의 의견을 듣는 동시에 이미 머릿속에 있는 자신의 의견과 바로 대치시킨다. 끊임없이 '맞다', '아니다'를 확인하면서 듣는 태도에 익숙해져 있는 것이다. 반면 동양인들은 타인의 의견을 끝까지 들으면서 일단 머릿속의 빈 공간에 온전하게 집어넣은 후, 다른 공간에 넣어둔 자기의 의견과 대조한다. 따라서 고개를 끄덕이며 듣고 있다고 해도, '이해하기 위해 먼저 머릿속에 집어넣고 있다'는 신호이지 딱히 찬성한 것은 아니다.

동양인들에게 이러한 특성이 나타나는 까닭은 그 내용과는 상관없이, 우선 상대의 주장은 존중해야 한다고 생각하기 때문이다. 그러한 배려는 '시선'을 의식하는 마음에서 발현된다. 다른 사람을 배려하는 태도가 서로를 부정하지 않고 공격하지 않으며 온화한 대인관계를 만드는 것이다.

5장

대인불안을
극복하는 방법

상대도 나만큼 눈치를
보는 중이라는 사실을 기억하자

무슨 일이든지 지나친 것은 금물이다. 주변에 적당히 신경을 기울이다 보면 타인에 세심한 배려를 할 수 있고, 좋은 대인관계를 유지할 수도 있다. 타인의 시선을 전혀 신경 쓰지 않는 사람은 자기 모니터링을 할 수 없기 때문에 남에게 불쾌함을 주거나 주위에 녹아들지 못할 때도 있다.

그러나 타인의 시선을 지나치게 신경 쓰면 타인을 대할 때 부담감이 커지고, 상대방과의 심리적 거리가 멀어진다. 그렇다면 타인의 시선을 적당히 신경 쓰는 방법은 뭘까?

우선 많은 사람이 다른 사람은 그다지 신경 쓰지 않는다는 것을 기억해야 한다. 그것은 스스로만 돌아봐도 알 수 있을 것이다. 친구와 이야기를 나누다가 갑자기 자신의 발언이 적절했는지 신경이 쓰여 참을 수 없을 때가 있다. '엉뚱한 말을 하지 않았을까?', '지금 기분이 좀 나빴을까?' 걱정되기 시작하면, 나를 챙기기에도 버거워서 타인에게 일일이 신경 쓸 마음의 여유가 사라진다.

'아니, 그럴 리 없어. 내가 신경 쓰이는 건 친구야'라고 생각할지도 모른다. 하지만 그것은 친구가 나를 어떻게 생각하는지가 신경 쓰이는 것이지, 친구의 기분 자체를 걱정하는 것은 아니다. 친구의 눈에 비친 자신의 모습에 초점을 맞출 뿐, 사실상 친구 자체에게 주의를 기울이는 것은 아니다. 이처럼 모든 사람이 자신에 대한 관심은 매우 크지만 타인에 대해서는 의외로 신경 쓰지 않는다. 타인은 당신에게 걱정할 만큼 큰 관심을 갖지 않는 것이다.

따라서 상대방의 태도가 쌀쌀맞게 느껴진다고 해도 '기분을 해쳤을지 몰라', '미움받는 게 아닐까?', '나와 함께 있어도 재미없겠지' 하며 크게 걱정할 필요는 없다. 신경이 쓰일 때도 '뭔가 마음에 걸리는 일이라도 있어서 건성으로 듣나 보다', '집에 무슨 일 있나?'라고 여기면 된다. 그렇게 하면 마음의 여유가 생긴다.

또한 기억해두어야 할 사실이 하나 더 있다. 그것은 나뿐만 아니라 상대도 다른 사람의 시선을 신경 쓴다는 점이다. '관계의 문화'에서 자아를 형성해온 사람이라면 누구나 남과 관계를 맺을 때 '상처 줄 말을 해서는 안 돼', '불쾌함을 갖게 해서도 안 돼', '지루하게 만들지 말자', '부담을 주어서는 안 돼' 등 끊임없이 반응을 신경 쓰는 습관이 몸에 익게 된다. 따라서 내가 신경을 쓰는 만큼 상대도 나에게 신경을 쓰는 중이다. 서로가 서로에게 사랑받기 위해 애쓰는 것이다.

내가 '나를 어떻게 생각할까?', '호의적으로 보일까?', '나랑 이야기하면 시시하다고 생각하지 않을까?' 등으로 불안하게 생각할 때, 상대도 사실은 같은 생각을 한다. 또한, 내가 남의 눈치를 보고 있다는 것이 티가 나면 그쪽도 나를 좀 더 조심히 대할 수밖에 없다. 자기 감정에만 몰두하지 말고 상대에 눈을 돌려보자. 그러면 눈앞의 상대도 나와 같이 대인불안을 품고 신경을 쓰고 있다는 사실을 알게 될 것이다.

　중요한 점은 당신이 상대의 대인불안을 진정시킬 수 있는 사람이라는 점이다. 그런데도 '나는 재미있는 사람도 아닌데 있어도 따분하지 않을까?', '재치 있는 말을 하지 않으면 시시한 사람이라고 생각할 거야', '무심코 진심을 말했을 때 왜 그런 생각을 하느냐며 어이없다는 반응을 받는 건 싫어', '가벼운 사람이나 이상한 사람으로 보이면 곤란한데' 등으로 자신감이 없는 상태라면 좀처럼 솔직한 자신을 드러내기 어렵다.

　속내를 들키지 않도록 매일 꾸며낸 얼굴로 행동하면 스스로가 가장 힘들다. 계속 거짓 행동을 하는 것도 피곤할 뿐더러 솔직한 자신을 점점 더 드러내지 못하게 되는 악순환이 반복된다. 상대가 좋아할 만한 말만 늘어놓을 뿐, 자신의 속마음을 털어놓거나 고민을 해결할 수 없으니 다른 사람과 관계 맺는 것이 허무하다는 감정도 느끼게 된다. 이런 심리 메커니즘 속에서는 마음 편한 친구를 만들 수 없다. 더구나 무리하게 거리를 두거나 꾸며낸 행동을 하면 티가 나기 마련이다. 상대도 마찬가지로 나를 한 발자국 멀리서 대할 수밖에 없다. 한쪽에서 격식을 차리면 친밀하게 다가가고 싶어도 상대방 역시 예의를 차려야 하는 탓이다.

내가 틀을 깨지 않으면 상대 역시 틀을 깨기 어렵다. 내가 속내를 드러내지 않으면 상대도 속내를 드러내기 어렵다. 아무리 시간이 지나도 서로 과도하게 예의를 차리고 애써 웃어야 하는 피상적인 관계에 그치게 된다. 곁에 있는 사람과 추상적인 관계만 맺는 것은 피곤하지 않은가.

어떻게 해야 그러한 막다른 골목에서 탈출할 수 있을까? 정답은 바로 '나'에 있다. 나부터 한발을 내디뎌야 한다. 큰맘 먹고 솔직한 마음을 표현해보자. "오늘 영화가 보고 싶은데 같이 갈래?"처럼 상대에게 제안하거나 "난 사실 그 음악 별로 안 좋아해" 같이 취향을 드러내는 것으로 간단하게 시작하면 된다. 서로 속내를 드러내는 친밀한 관계가 되면 마침내는 상대방이 어떻게 생각할지 눈치를 볼 일이 없어진다. 필자도 그런 경험이 많다.

자신이 경험한 것과 생각하는 것을 솔직하게 말하는 **'자기개시'는 호의와 신뢰의 표현이다. 자기개시를 받은 쪽은 '나를 신뢰하는구나'라고 긍정적인 감정을 느끼게**

된다. 그러면 기뻐하는 데 그치지 않고 자신도 있는 그대로의 자신을 드러내고 싶어진다는 것이 심리학 연구로 밝혀졌다.

상대도 나와 같이 대인불안을 품고 있다. 서로의 불안을 진정시키고 싶다면 용기를 내 자기개시를 해보자. 용기 낸 시도는 대개는 보답을 받게 된다. 마음이 더욱 편해지고, 좀 더 즐거운 사회생활을 할 수 있게 됨은 물론이다.

누구나
대인불안을 안고 산다

앞에서 살펴본 것처럼 대인불안을 가진 사람은 매우 많다. 아니 '관계의 문화' 속에서 살아가는 거의 대부분이 대인불안을 품고 있다고 말하는 편이 낫겠다. 이러한 사실을 염두에 두면 마음이 편해진다. '내가 좀 이상한 게 아닐까?', '커뮤니케이션 문제가 있는 건 아닐까?', '이런 내가 싫어'라고 생각하던 사람도 많은 사람이 같은 생각을 하고 있다는 것을 알게 되면 조금 안심이 된다.

강의에서 대인불안이 강한 사람의 공통된 심리 경향에

대해 설명하면, 대부분의 사람이 자신만 그런 고민을 안고 있었던 게 아니었다는 사실이 다행스럽다고 말한다. 실제로 다음과 같은 이야기를 들려주기도 했다.

"다른 사람들도 타인에게 자신이 어떻게 보이는가를 불안해하는군요. 저만 그런 게 아니라고 생각하니 좀 안심이 돼요. 저만 특별하게 다르다고 생각해 너무 위축되어 있었다는 걸 알게 됐어요."

"대인불안을 누구나 갖고 있다는 사실에 깜짝 놀랐어요. 관련된 불안이 컸기 때문에 뭔가 구원을 받은 기분이에요."

"저와 같은 생각을 가진 사람이 많다는 사실을 알게 되어 조금 안심이 됐어요. 앞으로는 너무 걱정하지 않고 적극적으로 사람들과 사귀어볼게요."

"나뿐만 아니라 상대도 대인불안을 품고 있다는 이야기를 듣고 나서, 제가 먼저 말을 걸면 상대가 기쁜 얼굴로 답을 했던 적이 많았다는 사실을 떠올리게 됐어요. 이제부터는 상대의 불안을 누그러뜨릴 수 있도록 제가 먼저 말을 걸어야겠어요."

"상대도 저처럼 대인불안을 품고 있다고 하니 저의 불안에만 사로잡혀 걱정할 게 아니라, 서로 안심하고 속마음을 터놓을 수 있도록 노력해보고 싶어졌어요. 이러한 사실을 알게 되다니 정말 엄청나요. 이제부터는 제 의견에 맞춰 확실히 고개를 끄덕이거나 웃으며 대화를 나누고, 속마음도 드러내면서 상대의 대인불안까지 완화할 수 있도록 해야겠어요."

나만 특별하거나 이상한 것이 아니다. 누구나 대인불안을 품고 있다. 이렇게 생각하면 마음이 편안해지고 주변 사람과의 교제에 적극적으로 나설 수 있을 것이다.

'타인의 시선'에 비치는 나보다 상대 자체에 관심을 둔다

대인불안이 강한 사람은 상대에게 매우 신경을 쓴다. 배려란 대인관계를 잘 맺고 싶은 사람이 가장 중요하게 생각하는 행위이다. 그러나 상대의 반응을 살핀다고 말하면서도 사실은 자신만 생각하기도 한다. 이 장의 서두에서 지적했듯이 우리는 상대 자체가 아니라 상대의 눈에 비치는 자신의 모습을 걱정하고 있을 확률이 크다. 결국에는 상대에 대한 관심은 점점 줄어들고 자신에게만 관심을 기울이는 사태를 부른다. '타인의 시선'을 지나치게 의식하면 불편해질 수밖에 없다는 사실을 스스로 인지하면서도 아무래도 계속 신경이 쓰인다. 결국 대인불안이란 자의식의 문제이다.

필자는 매우 덜렁대서 종종 구두를 짝짝이로 신고 출근하기도 한다. 왼발과 오른발에 신은 구두가 서로 다른 종류일 때도 있고, 왼쪽 구두는 갈색이고 오른쪽 구두는 검은색일 때도 있다. 집을 나와 지하철 역으로 걸어가는 중에 알아차리면 그나마 나을 텐데, 전철을 타거나 회사에 도착해서야 그 사실을 알게 돼 크게 동요하기도 한다. 맞은편의 사람이 제발 내 발을 보지 않게 해달라고 마음속으로 빌거나, 회사 책상 앞에서 발을 가리기 위해 안절부절못한다. 그러나 구두를 잘못 신고 왔다는 사실을 알아차리기 직전까지는 평온한 마음으로 독서를 하거나 당당하게 걸어다닌다. 스스로 의식하게 된 순간부터 마음의 동요가 이는 것이다.

구두를 짝짝이로 신고 왔다는 것이 객관적인 사실이라면, 마음이 동요하는가 아닌가는 자의식의 영역이다. 대인불안처럼 객관적 사실에 기반하지 않는 심리 현상은 전부

자의식과 관련되어 있다고 말해도 좋다.

'자기 자신에게 의식을 집중하는 것'을 '자기주시(自己注視)'라고 한다. 자신을 돌아보는 과정은 부적절한 행동이나 말을 하지 않기 위해 필요하지만, 자기주시가 과하면 불안이 너무 강해져 다른 사람과 함께 있을 때 어색해지기 쉽다. 심리학 실험에서도 자기주시가 대인불안을 높인다는 것이 증명되었다. 또한 자기주시는 다른 사람이 자신을 보고 있다는 것을 의식하면 강해지고, 타인에게 주목하면 약해진다는 것도 밝혀졌다.

대인불안을 줄이는 가장 효과적인 방법은 상대 자체에 관심을 두는 것이다. 상대의 모습에 눈을 맞추고, 상대의 말에 귀를 기울여보자. 그렇게 하면 '나와 취미가 같네', '나와 꽤 닮은 점이 있네', '같은 일에 대해서 저 사람은 나와 다르게 생각하는구나', '각자의 고민이 있구나' 등으로 새로운 발견을 하게 된다. 결국 상대를 더욱 잘 알게 되는 방법이다. 또한 '오늘은 좀 피곤해 보이네. 얼굴에 생기가 좀 없는 것 같은데?', '작은 칭찬에도 정말 기뻐하네' 등으로 취향이나 기분을 관찰하고 살피면 마음의 교류가 쉬워진다.

　마음이 잘 읽히지 않는 상대가 눈앞에 있으면 불안해지지만, 걱정할 필요는 없다. 한 번 이해가 깊어지면 상대가 점점 편해지고, 그사이 대인불안은 어느새 완화된다. 상대 역시 자신이 어떻게 보이는지를 매우 걱정 중이라는 사실을 알아차리기도 한다. 그럴 때는 그 불안을 누그러뜨릴 수 있도록 마음을 쓸 수도 있다.

　이처럼 자신에게만 집중하는 대신 상대의 생각을 공유하고 그 문제를 함께 고민하며 마음을 알아주는 것, 자기중심적인 관점에서 탈피하여 상대 자체를 보려고 하는 것, 그것이야말로 대인불안을 완화시키는 가장 쉬운 열쇠이다.

TIP 자기주시

자기 자신에게 의식을 집중하는 것으로, 자신을 돌아보고 반성하는 방법 중의 하나이다.

● 자기주시를 완화하는 생각법 ●

- 나랑 꽤 닮은 점이 있네.
- 나랑 의견이 완전히 반대되는 부분도 있구나.
- 요즘 저런 고민을 하고 있구나.
- 오늘은 얼굴에 생기가 좀 없는 것 같은데? 좀 피곤해 보이네.
- 정말 기뻐하네! 저런 걸 좋아하는구나.

- 지금 그 말 듣고 기분 나빠한 건가?
- 이크, 내가 말실수했나 봐!
- 자신과 다른 의견이라 나에게 실망했을까?

모두에게
사랑받을 수는 없는 일이다

대인불안이 강하고 대인관계에 소극적인 사람은 타인에게 지나치게 신경을 쓰는 나머지 쉽게 피곤해지는 자신을 나쁘게 보는 경향이 있다. 그로 인하여 쉽게 마음이 위축되기도 한다. 이때 발상의 전환이 필요하다. 자신이 타인에게 정성껏 마음을 쓰고 있다는 것에 주목해보자.

'타인의 시선'을 신경 쓰지 않는 방법 대신 타인의 시선을 살피는 성격의 장점을 생각하는 것이다. 남의 일 따위에는 안중도 없다는 듯이 제멋대로 행동하는 사람도 있다.

그런 사람이 가까이에 있으면 재미있을 때도 많지만 불쾌감을 느낄 확률도 크다. 그런 안하무인인 사람과는 가능한 한 엮이고 싶지 않다고 바란다. 한편 나의 감정을 대단히 신경 써주는 사람이 있으면 마음이 따뜻해진다. 때때로 과하게 잘해주는 것이 미안해지기도 하지만 결코 기분이 나쁘지는 않다. 타인에게 지나치게 신경을 쓰는 자신을 긍정적으로 평가하고 싶다면, '자기중심의 문화'와 '관계의 문화'의 가치관 차이를 떠올려보기 바란다.

서양에 주로 존재하는 '자기중심의 문화'에서는 자신이 생각하는 대로 행동하지 않고 타인에게 영향을 받는 것이 '개인'으로서 자립하지 않았다는 의미로, 미숙하다고 평가받는다. 이와 달리 '관계의 문화'에서는 타인을 배려하지 못하는 것이 미숙한 행동이라고 평가받는다. **타인을 신경 쓰는 것을 '타인에게 영향을 받는다'라고 표현하면 부정적으로 느껴지지만, '타인을 배려하는 능력이 있다'라고 하면 긍정적으로 받아들일 수 있다.**

안하무인으로 행동하지 않고 타인을 신경 쓰는 것이야말로 성숙함의 증표이며, 상대와의 관계를 소중하게 여기는 것이야말로 어른스러운 행동이다. 이처럼 생각하면 타인에게 민감한 자신을 긍정적으로 받아들일 수 있게 되며 나아가 '타인의 시선'을 활용할 수도 있다.

타인의 시선을 과도하게 신경을 써서 힘들다고 느끼는 사람 중에는 누구에게나 잘 보이고 싶다는 욕망을 품고 있는 경우가 많다. 다른 사람과 잘 지내고 싶다는 바람도 강하다. 모든 사람이 자신을 좋아해줬으면 좋겠고, 따라서 작은 실수만 해도 상대가 나에게 실망할까 봐 후회하며 곱씹게 되는 것이다. 하지만 신경을 과하게 쓰는 만큼 쉽게 지치기 마련이다.

누구와도 잘 지내자는 목표를 버리고, 아무리 노력해도 잘 맞지 않는 상대가 있는 것을 인정해보자. 모든 사람과 잘 지내겠다고 생각하면 작은 일에도 상처받고, 마음이 쉽게 위축된다. 웃는 얼굴로 모든 사람을 대하려고 하므로 에너지도 많이 소요한다. 나와 타인의 차이를 인정하고, 각자의 개성이 존재하며 이해할 수 없는 상대가 있을 수 있다고 생각해야 마음이 편해진다.

가능한 한 누구와도 잘 지내고 싶겠지만, 맞지 않는 사람이 있는 것은 어찌할 도리가 없다. 그렇게 생각을 전환하면 대인관계가 전보다 수월해진다. '나와 맞지 않으면 어쩔 수 없지'라고 생각해보자. 타인이 나를 어떻게 평가할까에 대한 걱정이 줄어드므로 오히려 속내를 드러내기도 쉬워지고, 덕분에 편한 사이의 사람도 많아질 확률이 크다.

SNS와 거리 두는
시간을 가진다

　대인불안을 진정시키고 싶다면 SNS로부터 떨어져 있는 시간을 갖는 것도 중요하다. SNS는 신경 쓰이는 상대를 대량으로 증가시키는 도구라고 할 수 있다. 게다가 SNS를 하게 되면 회사나 학교처럼 상대를 직접 대면할 때뿐 아니라 출근길이나 퇴근길에도, 밥을 먹을 때도, 여행을 갈 때도 항상 많은 상대와 연결되어 있다. 어디에 있든, 무엇을 하고 있든 24시간 신경 쓸 일이 생기는 것이다.

　또한 SNS에서는 문자만으로 커뮤니케이션해야 한다.

표정도, 목소리의 상태도 알 수 없기 때문에 상대의 문장이 딱딱하다고 불안해하거나 이모티콘이 없다며 화난 게 아닐까 걱정하기도 한다. 상대는 단순히 시간이 없어서 최소한의 답신만 보낸 것인데, 본인만의 판단으로 오해하고 안절부절못한다. 너무 소모적인 상황이 아닌가? 이러한 일이 벌어지는 이유도 SNS로 세상과 늘 연결되어 있기 때문이다.

게다가 SNS에서는 모든 행동이 승인 욕구에 지배당한다. 친구의 수나 '좋아요'의 수 등이 수치화되어 눈에 보이므로 자신도 모르게 숫자에 신경을 쓰게 된다. 친구의 수로 자신이 가치 있는 사람인지, 사랑받는 존재인지 평가된다는 생각에 가능한 한 많은 이들과 연결되기 위해 필사적으로 매달리게 된다.

'좋아요'의 수를 늘리기 위해 사람들의 관심을 끌 만한 글을 끊임없이 올리고, 생각보다 '좋아요'가 별로 없으면 의기소침해지기도 한다. 이처럼 SNS에 휩쓸리면 감당 못 할 정도로 '타인의 시선'을 크게 의식하게 된다. 사람들의 관심을 끌고 싶어서 남에게 불쾌감을 주는 글을 올리거나 허세를 부리는 경우도 있다. 관심받고 싶다는 욕구를 간파당해 부끄러워지기도 한다.

자신이 얼마나 부유한 삶을 살고 있는지, 행복한 나날을 보내고 있는지를 과시하듯이 경쟁적으로 사진을 올리는 사람도 있다. 실제로 애인이 없는데도 있는 것처럼 글을 올리거나 가짜 행복을 꾸미기 위해 자신의 소득수준보다 무리해서 옷이나 가방, 시계 등을 사는 경우다. 그 게시물을 보면서 부러움과 동시에 비참함을 느낀다는 사람도 있다. SNS에 올라온 사진들을 보며 무리하여 화려한 척하고 있음을 알아차리거나 거짓 행복에 동정심을 갖는 사람도 있지만, 그건 일부일 뿐이다.

그런 행동을 하면 할수록 스스로에게는 자신이 없어진다. 자신이 없기 때문에 타인에게 점점 더 인정받고 싶어져 필사적으로 행동하는 것이다. 그야말로 악순환이다. 승인 욕구의 포로가 되어 어디를 가든 사진을 찍어 업로드하고, '좋아요'의 수나 친구의 반응에 과도하게 신경을 쓴다.

'타인의 시선'을 적당하게 신경 쓰는 것은 중요한 일이지만, SNS로 많은 사람과 연결되어 있으면 타인의 시선에 무작위로 노출되므로 그만큼 더 많이 불행해진다. 그렇게 되면 대인관계가 힘들어지고 대인불안을 느끼는 정도도 심해진다. 물론 당장 SNS를 탈퇴한다고 생각하면, 걱정부터 앞서는 것이 사실이다. 그러한 일상이 힘들어져서 SNS에 글을 올리지 않으니 비로소 본래의 자신으로 돌아온 것같이 즐거워졌다고 고백하는 사람이 많다. 스트레스를 줄이기 위해서라도 대인불안을 진정시키기 위해서라도 SNS로부터 거리를 두는 편이 좋다.

목표를 주위에 알리고 다니면 현실이 된다

 '타인의 시선'을 염려하는 성격을 긍정적으로 활용하는 방법의 하나는 되고 싶은 자신이나 자신의 목표를 공언(公言)하는 것이다. 예를 들어 어떤 문제집을 한 달 동안 다 풀기로 혼자서 다짐했다고 하자. 같이 놀자는 친구에게 유혹당해, 목표기간 안에 끝마치지 못하게 되면 '예정보다 꽤 늦어졌네. 그만 둘까'라고 아예 단념하기 쉽다. 그러나 목표를 부모님에게 공언하고 나면 '한 달 동안 다 푼다고 했잖니. 거짓말이었어?'라고 잔소리하는 모습이 떠오르기 때문에 어떻게든 해내려고 노력하게 된다.

체중이 불어난 탓에 평소에 잘 맞던 바지가 허리를 꽉 조이면, 다이어트를 해야겠다고 생각한다. 그러나 맛있어 보이는 간식이 있으면 참지 못하고, 과식만 하지 않으면 된다며 자기 자신에게 변명을 늘어놓게 된다. 그럴 때는 주위 지인들에게 "살이 쪄서 바지가 허리를 꽉 조여. 다이어트를 할 거야"라고 공언해두는 편이 좋다. "뭐야, 전혀 다이어트를 하지 않았잖아", "또 단 거 먹는 거야? 다이어트 중 아니었어?"라는 소리를 듣고 싶지 않아서라도 어느 정도 과식을 참을 수 있게 된다.

'하는 척'하면 '되고 싶은 자신'에 가까워진다. 이것도 타인의 시선을 이용하는 좋은 예다. 심리학자 다이앤 타이스(Diane Tice)는 가짜 자아 연출을 하면 자아가 연출했던 방향으로 변화한다는 것을 증명했다. 그는 우선 무작위의 사람을 정서적으로 안정된 인물과 정서적으로 예민한 인물로 꾸며 행동하게 하고, 그 후에 자신의 성격을 스스로 평가하도록 실험했다. 그 결과 정서적으로 안정된 인물로 행동한 사람은 좀 더 높은 확률로 자기 자신이 안정되어 있다고 판단함을 알아냈다. 또한 내성적인 인물과 외향적인 인물로 각각 자신을 꾸민 실험에서는 내성적인 인물을 꾸몄던 사람이 그렇지 않은 사람보다 자기 자신을 내성적이라고 보았다. 외향적인 인물로 꾸민 사람은 자기 자신을 보다 외향적이라고 보는 경향이 있다는 것도 확인했다.

이러한 실험 결과는 각 문화에 따라 해석도 달라진다. 자기 중심의 문화에서는 자신의 일관성을 유지하려는 심리 때문에 자아 연출을 했던 방향으로 자아가 변화한다고 본다. 그러나 **관계 중심의 문화에서는 타인의 시선을 의식하기 때문에 자아 연출을 했던 방향으로 자기 자신이 변화하는 것이라고 이 현상을 설명한다.**

어떤 사람에게 자신이 정서적으로 안정된 사람으로 평가받는다고 생각되면, 그 사람 앞에서는 편안하게 행동하게 된다. 주위 사람들이 외향적인 사람이라고 여긴다고 생각되면 최선을 다해 외향적으로 행동하려고 한다. 그러는 동안 서서히 정말 정서적으로 안정되거나 외향적으로 바뀌기도 한다.

타인의 시선에 맞춰서 행동하자는 뜻이 아니다. 자신이

변하고 싶은 모습을 주변에 자주 말하고, 그 모습을 자꾸만 곱씹다 보면 실제로도 긍정적으로 변화한다는 의미이다. 타인의 시선을 어쩔 수 없이 느끼고 있다면 현명하게 이용하는 편이 좋지 않을까?

불안이 지닌
긍정적인 면에 주목한다

앞서 심리학자 포가스의 실험을 소개했다. 옆 사무실에 물건을 빌리러 가는 실험으로, 늘 긍정적인 상태의 사람보다 감정을 자제하는 사람이 정중하고 세련된 태도로 부탁한다는 사실을 알 수 있었다. 또한 부정적인 기분일 때는 좀 더 신중해지고, 상대의 기분을 고려하여 자신의 화법을 조정한다는 것도 알게 됐다. 긍정적인 기분의 사람은 불안함을 적게 느끼기 때문에 상대를 고려하지 않아서 결국 실례되는 부탁을 할 확률이 높아진다.

부정적인 기분이 대인 인지의 정확성을 가져온다는 것도 포가스의 심리학 실험으로 증명됐다. 기분에 따라서 '후광 효과'의 영향을 얼마나 크게 받는지를 비교한 실험이다. 후광 효과란 '뒤쪽에 빛이 비치는'이라는 말처럼 '무엇인가 눈에 띄는 것이 있으면 그것에 매료돼 전체가 빛나는 듯이 받아들인다'는 의미다. 예를 들어 비싸 보이는 옷을 입은 사람은 사회적 지위도 높을 것이라고 판단해버리거나 좋은 직장에 다니는 사람은 운동 등 다른 분야에서도 유능할 것이라고 믿는 것이 후광 효과의 일종이다.

포가스는 같은 에세이의 작가로 평범한 옷을 입은 여성의 사진을 첨부한 경우와 트위드 재킷을 입고 안경을 쓴 중후한 분위기의 남성 사진을 첨부한 경우를 비교했다. 그 결과, 같은 내용의 에세이임에도 후자의 경우가 작품성을 더 높게 평가받는다는 사실이 밝혀졌다. 또한 부정적인 기분의 사람보다 긍정적인 기분의 사람 쪽이 후광 효과의 영향을 받기 쉽다는 것도 확인됐다. 즉, 긍정적일 때는 겉보기의 좋고 나쁨으로 상대의 능력을 평가하는 경향이 강하다. 그에 반해 부정적인 기분일 때는 상대적으로 신중해지므로 후광 효과의 영향을 적게 받게 된다.

이렇게 보면 대인불안에도 나름의 장점이 있다. **불안함을 느끼는 덕분에 신중해져서 실례가 되는 말과 행동을 하는 경우가 적어지고, 상대의 모습도 제대로 관찰할 수 있으므로 사람들과 좀 더 잘 지낼 수 있는 것이다.**

TIP **후광 효과**

어떤 대상의 특성이 그 대상의 다른 특성을 평가하는 데에도 영향을 미치는 현상이다. 상대적으로 부정적인 기분일 때는 신중하고 객관적으로 평가하게 되므로 대인 인지의 정확성이 높아진다.

있는 그대로의 나를
받아들인다

　친구의 무신경한 말에 일일이 상처를 받을 필요는 없다. '세상에는 다양한 사람이 있고, 저 친구는 섬세한 배려를 하지 못하는 성격인가 보다'라고 생각하면 그만이다. 친구가 거슬리는 말을 하더라도 내가 '무언가 화나게 하는 말을 했나?'라고 마음에 담아두는 대신 '오늘은 월요일이라 기분이 나빠서 그럴 거야'라고 생각해버리면 편하다. 이처럼 다른 사람의 이야기나 머릿속에 느껴지는 신호를 한 귀로 듣고 한 귀로 흘리면 교제에 과도한 불안함을 느끼지 않게 된다. 상대를 애써 배려하거나 이해하자는 뜻이 아니다. 내 마음의 평화를 지키기 위한 방법이다.

자기 자신을 있는 그대로 받아들이는 능력인 자기수용(自己受容)이 되지 않으면 대인불안에 휩싸일 경향이 크다. 자기수용이 가능하면 다소 싫은 소리를 들어도, 싫어하는 기색을 보여도 심각하게 받아들이지 않기 때문에 그리 큰 타격을 받을 일은 없다.

물론 자신은 친구가 많은 것도 아니고, 눈에 띄게 공부나 운동을 잘하는 것도 아니며, 좋은 직장을 다니는 것도 아니라고 생각해 자신감이 없을 수도 있다. 그러나 자기수용은 직장이나 학벌 등 객관적인 수치에 따라 좌우되는 것이 아니다. 누구에게나 장점이 있는 만큼 단점도 있다. 능력적으로도, 인간적으로도 누구나 미숙한 부분이 있다. 뜻대로 되지 않아서 안절부절못하고 의기소침하거나 좌절감에 시달리기도 한다. **같은 상황에서도 자기수용 능력이 있는 사람은 어떤 상황이든 주눅 들지 않고 문제를 해결하기 위해 노력한다. 앞을 보고 나아가야 한다고 생각한다. 어떤 모습의 자신이든 모두 인정해주는 것이다.**

필자는 '과거에 대한 태도와 대인불안의 관계'에 대하여 검토한 적이 있다. 그 결과 과거로 돌아가고 싶다고 생각하거나 바꾸고 싶은 일이 많은 사람일수록 대인불안이 강하다는 것이 밝혀졌다. 또한 자신의 과거에 만족하며 밝은 기억이 많은 사람일수록 대인불안은 약했다. 즉, 대인불안은 자신의 과거를 수용할 수 있는 경우에는 약해지고, 수용할 수 없는 경우에는 강해진다.

따라서 대인불안을 극복하려면 인생은 원래 다사다난하다고 여기며, 한편으로는 뻔뻔하게 굴어야 한다. 부정적 태도에서 해방될 수 있도록 뜻대로 되지 않았던 일이나 지긋지긋했던 시기를 포함하여 자신의 모든 과거를 솔직하게 받아들이는 것이 중요하다.

인생이 뜻대로 되지 않았던 경험은 모두에게 있다. 모두의 인생이 좀처럼 생각대로 되지 않는다. 불쾌한 일, 힘든 일도 누구나 한두 번씩은 겪게 된다. 당신의 인생은 특별하지 않다는 뜻이 아니다. 어려움 속에도 앞을 보고 나아가려고 노력하는 자신, 그런 당찬 자신을 받아들여보자는 뜻이다. 그것이면 충분하지 않을까.

● 대인불안을 극복하는 방법 ●

타인도 나만큼 다른 사람에게 신경 쓴다는 사실을 기억한다. ☐

대인불안은 특별하거나 심각한 증상이 아님을 인지한다. ☐

불안이 지닌 긍정적인 면에 주목한다. ☐

대화를 할 때 '나'보다 '상대'에게 신경을 쓴다. ☐

나와 맞지 않는 사람이 있는 것은 어쩔 수 없다고 생각한다. ☐

'남을 신경 쓰는 것의 장점'을 계속해서 의식한다. ☐

남을 신경 쓰지 않으려는 이유가 자신을 위해서라는 사실을 잊지 않는다. ☐

있는 그대로의 나를 받아들인다. ☐

SNS를 하는 시간을 줄인다. ☐

실수해서 괴로워질 때는 나만 실수하는 건 아니라는 사실을 기억한다. ☐

과거는 바꿀 수 없는 것인 만큼 지나치게 후회하지 말고 수용한다. ☐

'싫은 소리'는 나에 대한 공격으로 받아들이지 말고, 그냥 '싫은 소리'로 흘려버린다. ☐

타인의 메시지에 무조건 빨리 답장해줄 필요는 없다는 사실을 기억한다. ☐

타인의 시선이 불편한 것은
누구에게나 당연하다

'대인불안'이라는 용어 때문에 처음에는 어쩐지 심각한 마음의 병 이야기처럼 들렸을지도 모르겠습니다. 하지만 지금은 이 책을 통해 대인불안이란 누구라도 마음속에 조금씩은 품고 있는 문제임을 알았을 것입니다. 또한 대인불안이란 결코 부정적이기만 한 것이 아니라 타인의 기분을 배려할 수 있다는 매개체가 되기도 한다는 사실 역시 깨달았을 것입니다.

'관계의 문화' 속에서 자아를 구축해온 사람이라면 누

구나 타인과 개인을 분리하거나 혼자 동떨어져 살아가지 않습니다. 말그대로 '사람과 사람의 사이'를 살아갑니다. 그렇기 때문에 타인의 시선이 걱정이 되고 주변 사람이 신경 쓰이는 것은 당연합니다. 대인불안도 그러한 문화에서 생기는 심리로 볼 수 있습니다.

대인불안이 아예 없는 사람은 주위 사람의 입장이나 기분을 배려하지 않은 채 생각나는 대로 말하기 때문에 누군가에게 상처를 주거나 주위 사람들을 당황시키는 경향이 있습니다. 그런 의미에서 우리는 대인불안 덕분에 타인과 잘 지낼 수 있다고도 할 수 있습니다.

대인불안을 극복하자고 말하는 이유는 바로 자기 자신 때문입니다. 끊임없이 자신을 의심할 경우, 별것 아닌 일에도 예민해지고, 대인관계에도 소극적으로 변합니다. 정신적 피로도 상당합니다. 무엇이든지 적당한 것이 좋습니다.

필자 역시 대인불안과 함께 살아가고 있습니다. 대인관계에 신경이 쓰이기 때문에 '좀 더 편하게 타인과 교제할 수 있다면 좋을 텐데'라고 생각합니다. 그러나 타인의 기분에 완전히 관심이 없는 사람처럼 되고 싶지 않다고도 생각합니다. 자기 나름대로 대인불안과의 교제법을 모색하는 데 이 책이 조금이라도 도움이 되길 바랍니다.

마지막으로 대인불안을 주제로 집필할 기회를 준 치쿠마 출판사의 기타무라 요시히로(北村善洋) 씨와 다나카다이 사무소의 다나카 다이지로(田中大次郎) 씨에 깊은 감사를 드립니다.

에노모토 히로아키

참고문헌

- 다자이 오사무, 『인간실격』, 신초샤분코

- 츠시마 미치코, 『회상 다자이 오사무』, 고단샤분코

- 에노모토 히로아키, 『꼴불견과 일본인』, 닛케이 프리미어 시리즈

- 도이 다케오, 『응석의 구조』, 코분도

- 아즈마 히로시, 『일본인의 예의범절과 교육―발달의 일본과 미국의 비교를 바탕으로』, 도쿄다이가쿠슈판카이

- 와츠지 테츠로, 『인간의 학(學)으로서의 윤리학』, 치와나미쇼텐

누구에게나 대인불안이 있다

나는 왜 친구와 있어도 불편할까?

초판 1쇄   2020년 2월 2일

지은이   에노모토 히로아키
옮긴이   조경자
발행인   유철상
편집   이정은, 남영란, 정예슬
디자인   조연경, 주인지, 조정은
마케팅   조종삼, 최민아, 윤소담

펴낸곳   상상출판
출판등록   2009년 9월 22일(제305-2010-02호)
주소   서울시 동대문구 정릉천동로 58, 103동 206호(용두동, 롯데캐슬피렌체)
전화   02-963-9891
팩스   02-963-9892
전자우편   cs@esangsang.co.kr
홈페이지   www.esangsang.co.kr
블로그   blog.naver.com/sangsang_pub
인쇄   다라니

ISBN 979-11-89856-72-4 (03320)
©2018 Hiroaki Enomoto

※ 가격은 뒤표지에 있습니다.
※ 이 책은 상상출판이 저작권자와의 계약에 따라 발행한 것이므로
   본사의 서면 허락 없이는 어떠한 형태나 수단으로도 이용하지 못합니다.
※ 잘못된 책은 구입하신 곳에서 바꿔 드립니다.
※ 이 도서의 국립중앙도서관 출판예정도서목록(CIP)은 서지정보유통지원시스템 홈페이지
   (http://seoji.nl.go.kr)와 국가자료종합목록 구축시스템(http://kolis-net.nl.go.kr)에서
   이용하실 수 있습니다. (CIP제어번호 : CIP2020000163)